复旦卓越·人力资源管理和社会保障系列教材

绩效管理技能训练

主　编　李宝莹
副主编　石玉峰　李晓婷

丛书编辑委员会

编委会主任　李继延　李宗泽
编委会副主任　冯琦琳
编委会成员　李　琦　张耀嵩　刘红霞　张慧霞
　　　　　　郑振华　朱莉莉

復旦大學出版社

内容提要

本书打破了传统教材的编写体例，采用以培养学生能力为本位的项目式教学方法，训练学生的动手、创新和自学能力，知识的传授会在教学项目完成的过程中适时进行。

本书共有7个教学任务，是作者在教学实践中提炼出来的具有代表性的学生需要掌握的技能，也是在为企业咨询过程中经常被提及的问题。包括：绩效管理制度的制定、企业绩效管理的流程、绩效考核指标体系的设计、绩效考核指标体系的权重和赋分、绩效考核方法的选择、绩效反馈和绩效考核结果的应用。具体阐述了每一项任务的基本技能、核心技能以及操作过程，并辅以实例展示以强化岗位技能和胜任能力。

本书适合实践型本科及高职高专类院校人力资源管理、社会保障和工商管理专业师生选作教材，同时也可作为各类组织管理人员培训教材和普通高等教育的教材或教学参考书。

丛书总主编　　李　琦

编辑成员（按姓氏笔画排序）

邓万里　田　辉　石玉峰　孙立如　孙　林　刘红霞
许晓青　许东黎　朱莉莉　李宝莹　李晓婷　张慧霞
张奇峰　张海蓉　张耀嵩　肖红梅　杨俊峰　郑振华
赵巍巍

前言

绩效管理技能训练是基于绩效管理理论和方法的应用,站在企业绩效管理工作的前沿,强调绩效管理的基本操作技能及其训练,从而达到培养绩效管理的实用型人才的目标。该书分为七大任务,分别从绩效管理制度的制定、绩效管理的流程设计、绩效考核指标体系的设计、绩效考核指标体系的权重和赋分、绩效考核方法的选择、绩效反馈及绩效考核结果的应用等方面阐述每一项任务的基本技能和核心技能以及操作过程,以强化岗位技能和胜任能力。

该书在编写过程中,主编李宝莹副教授精选了自己为企业进行绩效管理咨询的成果及学生制作设计的部分成果,副主编石玉峰和李晓婷筛选了经典的案例来丰富撰写内容。具体分工如下:李宝莹承担任务一的编写,并负责全书的设计和统稿;石玉峰承担任务二、任务三和任务四的编写;李晓婷承担任务五和任务六的编写;杨帆、邹迪承担任务七的编写。

本书在编写过程中,参考引用了部分国内外的文献资料和研究成果,得到了北京劳动保障职业学院领导的大力支持和帮助,复旦大学出版社的宋朝阳老师也为此书的出版付出了很多辛劳与努力,在此一并表示衷心的感谢!

由于作者水平有限,书中难免存在遗漏和错误之处,恳请广大读者批评指正。

编　者

2013年11月11日于北京

目 录
Mulu

任务一　绩效管理制度的制定 ··· 1
　　一、实例参考 ··· 2
　　二、背景知识 ··· 4
　　三、基本技能 ··· 11
　　四、核心技能 ··· 12
　　五、操作过程 ··· 13
　　六、实例展示 ··· 13

任务二　企业绩效管理流程 ·· 30
　　一、实例参考 ··· 31
　　二、背景知识 ··· 33
　　三、基本技能 ··· 42
　　四、核心技能 ··· 53
　　五、操作过程 ··· 60
　　六、实例展示 ··· 60

任务三　绩效考核指标体系设计 ·· 67
　　一、实例参考 ··· 68

二、背景知识 ………………………………………………… 70
　　三、基本技能 ………………………………………………… 76
　　四、核心技能 ………………………………………………… 89
　　五、操作过程 ………………………………………………… 91
　　六、实例展示 ………………………………………………… 91

任务四　绩效考核指标的标准和权重 ……………………… 95
　　一、实例参考 ………………………………………………… 96
　　二、背景知识 ………………………………………………… 97
　　三、基本技能 ………………………………………………… 100
　　四、核心技能 ………………………………………………… 105
　　五、操作过程 ………………………………………………… 109
　　六、实例展示 ………………………………………………… 109

任务五　绩效考核方法的选择 ……………………………… 112
　　一、实例参考 ………………………………………………… 113
　　二、背景知识 ………………………………………………… 114
　　三、基本技能 ………………………………………………… 124
　　四、核心技能 ………………………………………………… 129
　　五、操作过程 ………………………………………………… 140
　　六、实例展示 ………………………………………………… 142

任务六　绩效反馈 …………………………………………… 144
　　一、实例参考 ………………………………………………… 145
　　二、背景知识 ………………………………………………… 147
　　三、基本技能 ………………………………………………… 149
　　四、核心技能 ………………………………………………… 164
　　五、操作过程 ………………………………………………… 168

六、实例展示 …………………………………………………… 168

任务七　绩效结果的应用 ………………………………………… 171
　　一、实例参考 …………………………………………………… 172
　　二、背景知识 …………………………………………………… 173
　　三、技能要求 …………………………………………………… 176
　　四、实例展示 …………………………………………………… 188

参考文献 ……………………………………………………………… 194

任务一

绩效管理制度的制定

　　韩风机械制造厂已有五年的发展历史,主要生产袜子编织机,人员规模约1 600人,五个车间。目前的绩效考核主要以业绩考核为主,管理人员年末总体考核一次,生产人员月度考核与奖金挂钩。高层管理人员认为绩效管理制度很不完善,没有起到激励员工的作用。请你为该企业完善绩效管理制度。

一、实例参考

只有绩效考核的绩效管理

A公司是一个刚走过发展初期并逐步进入稳定成长期的企业,以往的管理更多地是老板随意的、口头的管理,缺乏系统、科学的管理体系。随着公司的发展,高管团队逐渐意识到运用科学管理方法的重要性。

管理层首先意识到提高员工积极性的问题。公司创业期积聚的一批老员工,如今已经进入享受成果的阶段;近年新引进的青年员工则认为公司过于保护老员工,缺乏对年轻员工的激励,无论在薪酬待遇、个人发展、培训学习等各方面都得不到满足,最重要的是缺乏能够充分体现员工工作能力和工作价值的机制,从而导致工作积极性较低,严重影响公司的经营效率。

基于此,公司管理层提出开展全员绩效管理的计划,希望通过绩效考核的方式实现量化员工工作表现、体现员工工作价值和差距并与后续的薪酬发放、个人晋升和培训学习机会等挂钩。管理层就此对员工进行了全体动员,年轻员工均对此次绩效考核的建立表示认同并充满期待。

但是,经过几个月的运行,员工发现所经历的绩效考核似乎并不是想象中的那么"美好",因为在考核前公司跟员工没有任何的交流,每到月底,只是拿着一张考核表对员工进行打分,之后就反映在当月工资中,有时高有时低,员工对自己被在哪些方面考核、考核的结果如何以及如何与工资挂钩等一无所知,因此对绩效结果往往难以接受,公司推行全面绩效管理的计划受到阻碍。

聪明的教练

足球队进行训练,第一周,教练要求每人射门300次,然后就离开了。队员们天天这么做,早都腻了、烦了,每个人都懒洋洋的,没有斗志,训练效果得不到保障。球队队长很着急,把情况反映给教练。教练笑了笑。

第二周,教练说谁能在规定的时间内完成300次射门且准确率达到80%就可以提前结束训练并且会得到充分的休息。开始,队员们的积极性很高,好多人都努力训练,效果很好,后来有人钻了空子,谎报结果,队长又把情况反映给了教练。教练依旧笑了笑。

第三周,教练说:"今天开始,我们进行分组训练,共分为6个小组,进行组组监督结对子的方法一一对应,如果A组的人发现B组的人偷懒,会给A组的人提前结束训练,而B组的人则会加时训练。同时队长和我会监督整队并随意抽查,你们都要用心训练哦,别被抓住,这样影响的会是整个小组。"后来,队长再也没找过教练,整个足球队的人都在努力地用心练习。

资料来源:本案例由北京劳动保障职业学院劳动经济系人力资源管理专业2011级人力3班张乾编写。

二、背景知识

(一) 企业发展战略

1. 含义

企业发展战略是企业战略的一种,是对企业发展的谋略,即对企业发展中整体性、长期性、基本性问题的谋划。

2. 特征

发展性是企业发展战略的本质特征,即着眼于企业的发展。企业发展战略还具有企业战略的一般特征,即整体性、长期性、基本性、计谋性。企业发展战略必须同时具备上述五个特征,缺少其中一个都不能称之为企业发展战略。

企业发展战略处于其他企业战略的首位,是统帅其他企业战略的总战略。企业发展战略指导其他企业战略的实施,通过其他企业战略的实现来落实企业发展战略。企业发展战略的创新是为了应对内部条件或外部环境的重大变化,研究制定新的企业发展战略的过程。

3. 企业发展战略的制定过程

在企业发展战略的制定和实施过程中,必须紧紧围绕战略的核心。企业发展战略的重点是企业的竞争能力。企业的竞争能力基于对企业内部要素的客观分析和评价,它取决于行业结构和企业相对的市场地位。企业的核心竞争力是企业发展战略的实质核心。核心竞争力是指企业自身拥有超过参与竞争的其他对手的关键资源、知识或能力。这种能力对手难以模仿、不可移植,并不随员工的离开而流失。核心竞争力可以是特殊技能、诀窍、企业的知识管理体系、具备很大竞争价值的生产能力或具体的技能组合。企业发展战略的制定过程有三个阶段。

(1) 调查分析阶段。

① 外部环境调查分析主要包括以下几种:

- 宏观环境分析(简称 PEST 分析),即分析政治(Politics)、经济

(Economy)、社会(Societ)和技术(Technology)因素对企业发展的影响。

- 中间环境分析,即企业所在行业发展因素分析、企业所在行业结构进化预测、企业所在行业竞争结构分析、企业所在行业特征评价、企业所在行业的变革驱动分析等。
- 微观环境分析,即顾客需求发展分析、供应者供应能力分析、竞争对手的竞争能力分析等。

② 企业内部分析主要是 SWOT 分析方法,即分析企业的优势(Strengths)、劣势(Weakness)、机会(Opportunities)、威胁(Threats)以及企业资源竞争优势分析、产品与服务价值链分析、企业核心管理能力分析、企业核心竞争力分析、企业财务分析、市场营销分析等。

根据分析结果确定战略的方向和方针,确立分析结果和编写分析报告。

(2) 确立阶段。

按照预定的战略方针和方向,根据分析报告拟订战略规划草案,对战略草案进行修正、完善和补充。

(3) 实施阶段。

详细和完善的战略实施计划是保证战略有效实施的关键。基于计划的实施跟踪是企业发展战略落实的基本保证。通过实施跟踪,可以及时了解和掌握实施过程中发生的现象和问题,据此进行及时的纠正和校正;通过跟踪,可以有效地督促企业发展战略的实施。

4. 常见的企业发展战略

运用不同的划分方法可将企业发展战略划分为不同的类型。常见的企业发展战略有如下几种:

(1) 稳定战略。指企业的经营目标和经营范围不变,每年以大致相同的水平提高企业的利润,管理的着重点是各职能部门工作效率的提高,强调企业资源的充分利用。

(2) 增长战略。指企业为了增加销售额和提高市场占有率而努力扩大商品销售的范围和规模,充分发挥规模经济的优势,提高企业经济效益。如连锁经营、横向一体化和纵向一体化等。

(3) 紧缩战略。指企业在经营的行业中处于不利的竞争地位,通过紧缩业务范围和回笼资金来改变这种状况,或者退出原行业转向其他行业。

(4) 一体化战略。指企业通过联合而求得发展,实现投资主体多元化,利益共享,风险共担。

(5) 品牌战略。指企业生产经营的品牌得到社会公众的广泛认可并在较长时期内乐于消费,从而使企业扩大生产规模和销售规模,提高经济效益。这类品牌的商品是在市场上具有高知名度、高信誉度、高占有率并能给企业带来较高的效益。

5. 企业发展战略与绩效管理的关系

战略性绩效管理是为了提升企业的经营业绩和实现企业的发展战略而展开的一系列管理活动。企业发展战略是绩效管理的基础,绩效管理工作的开展是为了实现企业的发展战略。在制定绩效管理制度时,应根据企业发展的战略来提取关键考核指标体系(Key Performance Indicator, KPI)。将公司的 KPI 根据公司的业务流程和部门职责分解为部门的 KPI。将部门的 KPI 结合各部门的岗位职责分解为岗位 KPI。通过绩效管理指标体系的层层落实,实现企业的发展战略。在对个人的业绩进行评价时,要使被考核者明确企业的经营发展战略,要让员工知道考核指标体系的设定与企业发展战略的关系。概括来说,企业发展战略是绩效管理的前提和依据。绩效管理工作是实现企业发展战略的发展和保障,两者密不可分。

(二) 企业文化

1. 含义

企业文化是企业成员共有的价值和信念体系。这一体系在很大程度上决定了企业成员的行为方式。它代表了组织成员所拥有的共同观念。企业文化在企业发展中起到导向、思维和约束的作用,有很强的维持现有模式的特点。

2. 功能

企业文化对企业的全体员工具有引导作用,企业经营的思维方式和处理问题的法则指导着经营者进行正确的决策,指导着员工采用科学的方法从事生产经营活动。企业共同的价值观念规定了企业的价值取向,使员工对事物的评判形成共识,有着共同的价值目标,企业的领导和员工为他们所认定的价值目标去行动。企业规章制度和道德规范对员工的行为有约束作用。企业精神和企业形象对企业职工有着极大的鼓舞作用,激励着员工加倍努力,用自己的实际行动去维护企业的荣誉和形象。企业文化以人为本,尊重人的感情,共同的价值观念形成了共同的目标和理想,增强了员工的凝聚力和向心力。

3. 类型

按照企业任务和经营方式的不同,迪尔和肯尼迪(Terrence E. Deal and Allan Kennedy)把企业文化分为四种类型,即强人文化、努力工作尽情玩文化、攻坚文化和过程文化。

(1) 强人文化。这种文化鼓励内部竞争和创新,鼓励冒险;竞争性较强,产品更新快。

(2) 努力工作尽情玩文化。这种文化把工作与娱乐并重,鼓励职工完成风险较小的工作;竞争性不强,产品比较稳定。

(3) 攻坚文化。它具有在周密分析基础上孤注一掷的特点;一般投资大,见效慢。

(4) 过程文化。这种文化着眼于如何做,基本没有工作的反馈,职工难以衡量他们所做的工作;机关性较强,按部就班就可以完成任务。

4. 企业文化与绩效管理的关系

企业文化是制定绩效管理策略和绩效管理制度的前提和依据,不同的企业文化有不同的绩效管理的风格和方式。绩效管理是基于企业文化而开展的管理工作,在设计绩效考核方案时,必须依据本企业的文化特点来设计考核方法、考核流程以及相应的激励措施。所以,通过绩效管理工作来深化企业文化是达到弘扬企业目的的重要手段。根据企业文化特点而设置的绩效考核方案有助于推进绩效管理工作的开展。相反,如果绩效管理方案在设计时背离了本企业文化的特点,就会导致绩效管理工作的失败。企业文化与绩效管理密不可分。

绩效文化是指通过制度建立起绩效价值观,明确地向员工传达企业的价值观,通过对绩效和价值的正确评估与确认,准确地反映出组织及个人的绩效,实现组织与个人的共同提升。企业文化的核心是绩效文化。把绩效管理的注意力从具体的评估方法转移到文化层面上来,只有真正在企业内部构建绩效文化的氛围,才能从根本上提升企业的竞争力。

(三)组织结构设计与业务流程优化

组织结构设计是指以企业组织结构为核心的组织系统的整体设计工作。在企业的组织中,对构成企业组织的各要素进行排列组合,明确管理层次,分清各部门、各岗位之间的职责和相互协作关系,并使其在企业的战略目标过程中,获得最佳的工作业绩。组织中的每一位员工应明确在公司的位置和角色以及对企业的贡献是什么。在不同的组织结构形态之下,绩效考核的方式和方法不同。职能型的组织结构中,上级领导就是绩效评估中的主要评估者;矩阵式组织结构中的绩效评估来自两个上司的信息;团队式的组织结构以团队式考核为主。

业务流程是为达到特定的价值目标而由不同的人共同完成的一系列活动。在绩效管理时,不但要从每个业务单元、每个个体自身去考虑自己的职责,还要站在流程的角度考虑自己的工作产出是提供给谁的,流程中的下一个环节对我的工作产出有怎样的要求。从流程的角度可以看到对组织中的每一项工作产出,谁能够提供最有价值的评估信息;这样既能保证对绩效的提升,又能保证公司的绩效评估过程有客观和公平的评价结果,最终实现公司的战略。

(四) 工作分析

工作分析是对某特定的工作做出明确规定,并确定完成这一工作所需要的知识技能等资格条件的过程。通过各种分析可以确定在组织中的位置、岗位职责和任职资格。工作分析的成果是工作说明书,岗位职责是提取岗位考核指标体系的重要依据。

(五) 绩效管理与绩效考核

1. 绩效

绩效指成绩和效益。绩是指业绩、成绩;效是指效率、效果、态度、品行、行为、方法、方式。绩效是工作行为及其结果的效能与价值,是那些经过评价的工作行为、方式及其结果。绩效是一个组织或个人在一定时期内的投入产出情况,投入指的是人力、物力、时间等物质资源,产出指的是工作任务在数量、质量及效率方面的完成情况。

从企业经营管理的层面来看,绩效可以分为组织绩效和个人绩效两个层次。组织绩效是企业运营的最终价值;个人绩效是员工对组织的贡献。个人绩效构成组织绩效,组织绩效对员工又有激励作用,两者相辅相成,密不可分。组织绩效的实现应在个人绩效实现的基础上,但个人绩效的实现并不一定保证组织是有绩效的。如果组织的绩效按一定的逻辑关系被层层分解到每一个工作岗位以及每一个人的时候,只要每一个人达成了组织的要求,组织的绩效就实现了。

从绩效的形成过程来看,可以将绩效分为任务绩效和关系绩效。任务绩效是指员工在组织关键技术流程中运用与工作有关的技术和知识生产产品或提供服务时,或完成某项特定的任务以支持组织的关键职能发挥作用时所表现出的绩效;关系绩效是指员工主动地帮助工作中困难的同事,努力保持与同事之间的良好工作关系,或通过额外的努力而准时完成某项任务时的绩效。

2. 绩效的形成过程

绩效是个人的知识、技能、能力等一切综合因素在一定的环境下通过工作而形成的成果。如图1-1所示。

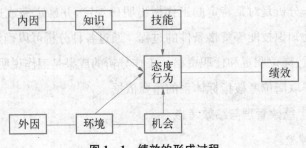

图1-1 绩效的形成过程

绩效差一方面是由于个人原因;另一方面是工作本身的客观原因,如组织与管理不合适、没有明确的工作职责、缺乏充分的信息、缺乏对工作结果的反馈、激励不当、工作条件不理想。在大多数情况下是客观条件限制和主、客观因素之间的相互作用造成的。在进行绩效反馈时,应更多地采用系统的方法,从多个角度对员工的绩效进行综合分析,找到问题的真正根源,这样才能在绩效评价反馈中有针对性地帮助员工提高绩效水平。

3. 绩效管理

绩效管理是指为了实现组织的发展目标,采用科学的方法对员工个人或团队的综合素质和工作业绩进行全面的衡量,分析存在的问题,提出解决方案,调动员工或团队的工作积极性,不断提升工作绩效的一系列管理活动。

4. 绩效考核

绩效考核是通过对员工的工作成果进行定性和定量的评价,对绩效进行区分性鉴别的过程。进行考核是进行管理的一个中心环节,员工绩效的评定结果是提升员工绩效的主要依据,同时也是对员工的反馈和激励。

5. 绩效考核与绩效管理的关系

(1) 绩效考核与绩效管理的区别。

① 目的不同。绩效考核是对任职者的工作业绩进行考量区分,以"人"为中心;绩效管理是为了实现一定的绩效目标而开展的一系列管

理活动,以"事"为中心。

② 内容不同。绩效考核主要包括绩效评价标准设计、绩效评估等活动;绩效管理包括目标和标准设定、监督和控制及提升绩效等活动。

③ 周期不同。绩效考核的周期是相对固定的,绩效管理的周期相对较短,并且随着绩效项目的差异而非常灵活。

(2) 绩效考核与绩效管理的联系。

绩效管理是一个由目标、计划、辅导/教练、评价/检查、回报/反馈构成的循环系统,体现了管理的计划、组织、领导、协调、控制等职能,绩效考核是绩效管理的一个环节。

三、基本技能

(一) 制定企业绩效管理制度的意义和工作流程

制定企业绩效管理制度,不仅可以促进企业长期发展及其发展战略的实现,而且可以通过规范员工行为来提升员工绩效,推动企业发展。

制定企业绩效管理制度的总体思路如下:根据企业发展战略和企业文化及现行的法律、法规,结合企业实际情况,制定企业绩效管理制度,经员工代表大会同意修改完善后执行,随着企业内部和外部环境的变化而定期修改。

(二) 企业绩效管理制度的基本内容

1. 制定企业绩效管理制度的基本原则

(1) 实用性。在制定企业绩效管理制度时,应充分考虑企业发展战略和企业文化特点,结合人力资源管理的水平及企业的经营特点,制定出适合企业员工的整体素质和业务能力及绩效水平的制度。

(2) 全面性。绩效管理从组织绩效和个人绩效入手,全员参与。在绩效评价指标体系的选择方面,应能够尽量概括被考核者工作岗位的工作内容和任职者的素质要求。在时间的选取上和在绩效事件的选取上都要把握全面的原则,实现多层次、多渠道、全方位的考评。

(3) 客观性。客观性原则是指在进行绩效评价时,要以客观事实为依据,一视同仁,采用科学适用的考评指标体系和考评标准,应尽量采用客观公正的尺度,对考评者实事求是地做出评价。

(4) 相对稳定性。绩效管理制度一旦出台,就要保持其在一定时期内的稳定性。不过,这种稳定性是相对而言的。随着科学技术的发展和生产方式的变化,工作内容也在变化,相应地修改完善企业绩效管理制度的内容,才能使绩效评价系统持续地良性循环,从而稳定地提高员工的绩效。

2. 企业绩效管理制度的基本内容

企业绩效管理制度的基本内容主要包括以下几个方面:

(1) 绩效管理制度的指导思想、基本原则、绩效管理的战略地位。

(2) 绩效考核的对象、考核周期、考核机构、考核时间与考核程序。

(3) 绩效考核的主体、考核维度及考核权重设计。

(4) 业绩合约的签订、考核者的培训和绩效考核的实施、考核表的管理与查阅。

(5) 绩效面谈的目的、绩效面谈沟通的步骤、员工申诉及其处理。

(6) 绩效提升计划的制定。

(7) 考核结果的应用。

3. 制定企业绩效管理制度应注意的问题

(1) 制定企业绩效管理制度要遵守现行法律和法规,如劳动合同法、企业内部规章制度。

(2) 绩效考核制度在设计时应针对不同的考核对象分类、分层进行设计,如管理人员与普通员工的考核标准不同、不同考核对象的考核方法和考核周期不同。

四、核心技能

(1) 对企业绩效管理制度的修改完善。

(2) 根据实际情况起草绩效管理制度。

(3) 绩效管理制度的应用。在执行企业绩效管理制度时,应与员工充分沟通,达成共识。通过多种高效途径(如培训、开宣讲会等)使员工了解企业绩效管理制度的内容及其执行方法。绩效管理制度一旦予以制定,不得随意修改。应根据企业发展的实际情况及目标定期进行适当的修订。

五、操作过程

(1) 成立公司,设计组织机构,明确部门和岗位。
(2) 设计《绩效管理课程课堂考核表》、《绩效管理课程考勤表》、《绩效管理课程业绩合约》。
(3) 学生在网上收集企业绩效管理(绩效考核)制度,进行学习、修改完善,并评价打分。
(4) 设计自己公司的绩效管理制度。

六、实例展示

(一) SL 集团绩效考核制度

SL 集团绩效考核制度
第一章 总 则

第一条 适用范围

本考核制度适用于 SL 集团班组长以上管理人员和集团公司生产辅助人员。

第二条 目的

(1) 将绩效考核与 SL 集团战略、经营管理目标紧密联系起来,实现超常规、跨越式发展,促进经济效益的提高。

(2)公正、客观地衡量员工的绩效,充分调动其积极性,为员工工资分配制度提供准确、真实的依据。

(3)促进员工不断地改进绩效,提高绩效水平和综合素质。

第三条　原则

(1)以SL集团的经营目标为依据,建立关键绩效指标体系和绩效标准体系。

(2)考核以客观事实为依据。

(3)以工作业绩考核为主,以工作态度考核为辅。

(4)自我评价和民主评议相结合。

(5)平时考核与年度考核相结合。

第二章　关键绩效指标(KPI)的确定

第四条　关键绩效指标的确定

1. KPI体系

依据SL集团发展战略的关键驱动因素建立包括财务指标、内部管理指标、安全生产指标、学习成长指标在内的关键绩效指标体系,将SL集团的长期目标与短期目标紧密联系起来,将组织目标、部门目标、个人目标紧密联系起来,从而实现SL集团的发展战略。

2. KPI体系的建立

在明确SL集团发展战略的基础上,确定发展战略的关键驱动因素,进而建立SL集团关键绩效指标体系。该指标体系根据管理层级关系划分为SL集团级关键绩效指标、部门级关键绩效指标和岗位级关键绩效指标;根据内容划分为任务绩效指标和管理绩效指标(指标体系见附件1)。

关键绩效指标选择的依据如下:

(1)相关性,即指标与SL集团发展战略的相关程度;

(2)可控性,即个人努力对指标的影响程度;

(3) 可衡量性,即指标评价的相关信息是否能够获得和是否便于获得。

3. KPI 的基本目标值

基本目标值是期望达到的绩效标准,通常反映在正常情况下应达到的绩效水平。基本目标值以 SL 集团年度经营管理目标为依据,由考核者与被考核者协商确定,最后由 SL 集团总裁审核批准。

确定基本目标值应参考近两年的相关统计数据,并根据情况的变化予以调整;如果缺乏相关统计数据,可先以指标的期望值作为目标值,试行一段时间后再根据统计数据进行修正。

第五条　关键绩效指标权重系数的确定

业绩考核表中权重系数分配如下:

确定任务绩效指标、管理绩效指标的权重系数;任务绩效指标占 70%,管理绩效指标占 30%。

第三章　高层人员的考核

第六条　考核对象

考核对象包括 SL 集团副总裁、各中心总经理、各事业部(公司)总经理。

第七条　考核内容

1. 工作业绩考核

工作业绩考核年度经营目标的完成情况、岗位所承担的关键绩效指标的完成程度以及职责的履行情况,占考核总成绩的 70%(考核表见附件 2)。

2. 工作态度考核

工作态度考核包括责任心、敬业精神、团队精神、组织纪律四个要素,占考核总成绩的 30%(考核表见附件 4)。

第八条 考核周期

1. 平时考核

被考核者每月填写《工作态度事实记录表》(考核表见附件7)，由直接上级补充、审核，并且对月工作目标或工作计划完成情况进行检查。

2. 半年考核

只进行业绩考核，目的是对年度目标的完成情况进行中期检查，由人力资源中心将上半年的相关考核数据收集整理并提供给考核者，由考核者和被考核者进行绩效沟通，分析存在的不足，提出改进措施，最后写出书面总结并交人力资源中心。

具体考核时间为每年7月的第1~2周。

3. 年度考核

年度考核的考核结果作为工资奖金发放、聘任、岗位调整等的依据。年度考核的内容包括工作业绩和工作态度。工作业绩的考核以相关统计数据、事实记录为依据；工作态度考核以《工作态度事实记录表》为依据，实行民主评议；最后根据工作业绩的考核成绩和工作态度的考核成绩得出人员的年度综合考核成绩(考核表见附件9)。

具体考核时间为次年1月的第1~2周。

第九条 年度考核流程(流程图见附件13)

第一步：被考核者写述职报告并进行业绩和工作态度方面的自评；

第二步：被考核者述职；

第三步：被考核者的同级、下级对被考核者的工作态度打分(这些分数只作为集团领导评价的参考)；

第四步：人力资源中心对上述信息进行整理、汇总；

第五步：集团公司领导（副总裁由总裁考核）根据业绩数据和考核事实进行考核；

第六步：人力资源中心根据业绩和工作态度考核成绩计算出年度综合成绩；

第七步：考核委员会审核、调整；

第八步：集团领导与被考核者进行绩效面谈，制定绩效改进计划（计划书见附件10）；

第九步：对考核结果有异议的被考核者可提出申诉（申诉流程见附件14）；

第十步：考核结果公示。

第四章 中层人员的考核

第十条 考核对象

考核对象包括SL集团各中心副总经理、部长、副部长、主管、中队长、副中队长，各事业部（公司）副总经理以下（含）、车间主任以上（含）人员。

第十一条 考核内容

1. 工作业绩考核

以关键绩效指标考核为主，同时结合岗位绩效标准进行考核，占考核总成绩的70%（考核表见附件2）。

2. 工作态度考核

工作态度考核包括责任心、敬业精神、团队精神、组织纪律四个要素，占考核总成绩的30%（考核表见附件4）。

第十二条 考核周期

中层人员实行季度考核。

1. 平时考核

每月由本人填写《工作态度事实记录表》,并分别由直接上级进行补充、审核。《工作态度事实记录表》作为季度工作态度考核的依据。

具体时间为次月第1周。

2. 季度考核

季度考核为工作业绩和工作态度综合考核。工作业绩的考核以相关统计数据、记录为依据;工作态度考核以《工作态度事实记录表》为依据,实行民主评议;将工作业绩的考核成绩和工作态度的考核成绩进行加权,得出季度综合考核成绩(考核表见附件9)。

具体时间为4月第1周、7月第1周、10月第1周和次年1月第1~2周。

3. 年度考核

其考核结果作为工资奖金发放、聘任、岗位调整等的依据,年度考核的内容包括工作业绩和工作态度。工作业绩的考核以相关统计数据和事实记录为依据;工作态度考核以《工作态度事实记录表》为依据,实行民主评议;最后将4个季度的综合考核成绩的平均值和年度加扣分综合后作为年度综合考核成绩(考核表见附件8)。

具体时间为次年1月第1~2周。

第十三条　考核流程(流程图见附件13)

1. 季度考核流程

(1) 由直接上级根据相关记录和数据分别对工作业绩和工作态度进行考核,得出工作业绩的考核成绩和工作态度的考核成绩;

(2) 各部门将工作业绩的考核成绩和工作态度的考核成绩进行加权,得出季度的综合考核成绩;

(3) 考核者的直接上级(即被考核者直接上级的上级)对考核结果进行审核、调整。

(4) 被考核者的直接上级将考核结果反馈给本人,进行绩效面谈;

(5) 考核者对考核结果有异议的,可以向人力资源中心提出申诉(申诉流程见附件14)。

2. 年度考核流程

(1) 各部门计算出4个季度的综合考核成绩的平均值,得出年度综合考核成绩,交人力资源中心;

(2) 考核委员会对年度考核结果进行审核、调整;

(3) 被考核者的直接上级将考核结果反馈给本人,进行绩效面谈,制定绩效改进计划(计划书见附件10);

(4) 考核者对考核结果有异议的,可以向人力资源中心提出申诉(申诉流程见附件14);

(5) 人力资源中心将最终考核结果进行公示。

第五章 基层人员的考核

第十四条 考核对象

基层人员包括集团公司各中心一般办事人员、生产辅助人员和各事业部(公司)班组长。

第十五条 考核内容

1. 工作业绩考核

考核采用岗位绩效标准考核。工作业绩的考核占考核总成绩的70%(考核表见附件3)。

2. 工作态度考核

工作态度考核包括责任心、敬业精神、团队精神和组织纪律四个要素，占考核总成绩的30%（考核表见附件4）。

第十六条　考核周期

实行月考核。

1. 平时考核

考核为工作业绩和工作态度的综合考核。

工作态度考核每月由本人填写《工作态度事实记录表》，然后分别由直接上级进行补充、审核。

工作业绩考核以相关统计数据和记录为依据；工作态度考核以《工作态度事实记录表》为依据。将工作业绩的考核成绩和工作态度的考核成绩进行加权，得出月综合考核成绩（考核表见附件9）。

具体时间为次月第1周。

2. 年度考核

将12个月的综合考核成绩的平均值和年度加扣分综合后作为年度综合考核成绩（考核表见附件8）。

具体时间为次年1月第1～2周。

第十七条　考核流程（流程图见附件13）

1. 月考核流程

(1) 由直接上级根据相关记录、数据分别对工作业绩和工作态度进行考核，得出工作业绩的考核成绩和工作态度的考核成绩；

(2) 各部门将工作业绩的考核成绩和工作态度的考核成绩进行加权，得出月综合考核成绩；

(3) 考核者的直接上级(即被考核者直接上级的上级)对考核结果进行审核、调整;

(4) 被考核者的直接上级将考核结果反馈给本人,进行绩效面谈,制定绩效改进计划(计划书见附件 10);

(5) 考核者对考核结果有异议的,可以向人力资源中心提出申诉(申诉流程见附件 14)。

2. 年度考核流程

(1) 各部门计算出 12 个月的综合考核成绩的平均值,得出年度综合考核成绩,交人力资源中心;

(2) 考核委员会对年度考核结果进行审核、调整;

(3) 被考核者的直接上级将考核结果反馈给本人,进行绩效面谈,制定绩效改进计划;

(4) 考核者对考核结果有异议的,可以向人力资源中心提出申诉(申诉流程见附件 14);

(5) 人力资源中心将最终考核结果进行公示。

第六章 考核的组织与实施

第十八条 目标制定与分解流程

公司经营目标的分解是绩效考核的基础工作,是上下级双向沟通共同制定合理目标的过程。

分解步骤:

(1) 公司领导层根据公司的发展战略、上一年度经营管理目标完成情况和外部环境变化等因素确定公司年度经营管理目标,报公司董事会;

(2) 根据公司年度经营管理目标和公司副总裁的分工,确定公司副总裁的年度工作目标;

(3) 公司总裁、副总裁与各事业部(公司)总经理进行协商，确定各事业部(公司)的年度工作目标和工作计划；

(4) 各事业部(公司)与其下级进行协商，确定部门的年度工作目标和工作计划，并且分解到月；

(5) 将部门年度工作目标和工作计划以《目标责任书》形式报公司总裁批准并由人力资源中心备案。其"工作计划执行情况"指标需要编制《部门工作计划书》(计划书见附件6)。

第十九条 考核的审核、调整

(1) 集团公司副总裁、各事业部(公司)总经理的《工作态度事实记录表》由总裁审核；

(2) 集团公司各中心总经理的《工作态度事实记录表》由其直接上级审核；

(3) 中层人员的《工作态度事实记录表》由其直接上级审核；

(4) 中层人员的季度考核结果由其考核者的直接上级进行审核；

(5) 基层人员的年度考核由其考核者的上级审核；

(6) 考核委员会对所有人员的年度考核结果进行审核、调整；

(7) 被考核者如对考核结果存在异议，可在考核结果反馈后15日内向人力资源中心提出书面申诉。

第二十条 申诉处理流程(见附件14)

第一步：申诉人向人力资源中心提出申诉，并填写申诉表(见附件12)；

第二步：人力资源中心初步审查；

第三步：初审通过的，由人力资源中心组织相关调查，提出初步处理意见，并将调查事实与初步处理意见提交考核委员会；

第四步：考核委员会对调查事实和初步处理意见进行审议；

第五步：审议结果以书面形式送达申诉人。

第二十一条　考核的依据

(1) 相关人员的工作业绩考核以指定部门提供的数据为依据；

(2) 工作态度考核以《工作态度事实记录表》为依据；

(3) 年度考核时，人力资源中心将公司副总裁、各事业部（公司）总经理、各中心正职业绩考核相关的数据收集、整理好并填入《业绩考核表》内，其他被考核的上述工作由各部门和各事业部（公司）负责；

(4) 各部门和各事业部（公司）在年终计算4个季度的平均成绩时，应整理好季度综合考核表，将各季度综合考核成绩填入《季度考核成绩汇总表》；

(5) 年终考核综合成绩的调整以相关事实记录为依据。

第二十二条　《工作态度事实记录表》的填写

(1) 本人围绕工作态度考核的要素（责任心、敬业精神、团队精神、严格自律），将本考核期内自己身上发生的、与考核要素相关的典型事例填写在表内，好的方面写在上一栏，存在的问题写在下一栏。

(2) 被考核者将记录表交给直接上级，上级根据民主评议的结果（没有实施民主评议的除外）和自己看到或了解到的、被考核者遗漏的典型事例记在相应的栏内，最后要写上被考核者的记录是否属实的意见。

第二十三条 考核委员会的职能与组成

1. 考核委员会的职能

(1) 对员工的年度考核成绩进行审核、调整；

(2) 对人力资源中心提交的申诉处理意见进行审核；

(3) 对上报的考核制度（包括指标、标准）修改草案进行审核、批准。

2. 考核委员会的组成

考核委员会由主任、副主任、委员组成，主任由总裁担任，副主任由副总裁担任，委员由各中心总经理、各事业部（公司）总经理组成。

第二十四条 考核组织与实施部门

考核及相关数据的提供由公司总裁办、人力资源中心、财务中心、生产经营中心和行政中心协调进行。

第二十五条 人力资源中心在考核中的职能

(1) 依据考核制度组织、监督考核工作并对制度本身进行修订和完善；

(2) 收集、保管考核相关的各种资料、数据、记录；

(3) 受理被考核者的申诉；

(4) 中层以上人员的《业绩考核表》相关数据的整理、审核、录入和考核结果的汇总。

第七章 考核结果的运用

第二十六条 考核结果的等级

将公司员工的季度、年度考核结果划分为五个等级：

A：考核综合分数90分以上；

B：考核综合分数80～89分；

C：考核综合分数 60~79 分；

D：考核综合分数 51~59 分；

E：考核综合分数低于 50 分。

第二十七条　考核结果的分布

中层以下人员的季度、年度考核结果分布以部门为单位，综合评定为 A 级的人数原则上控制在部门人数的 10% 以内；10 人以下的部门综合评定为"A"级的人数原则上限定为 1 人。综合评定为 B 级的人数原则上控制在部门人数的 15% 以内，10 人以下的部门综合评定为"B"级的人数原则上限定为 1 人。

工作态度考核为"A"级和"B"级的，必须有充分的事实为依据，否则上级或考核委员会可以做出适当调整。

第二十八条　考核结果的运用

1. 考核结果公示

年度考核审核评定后，人力资源中心负责将考核结果予以公布。

2. 发放月度奖

高层人员的奖金系数依据其年度考核结果浮动，中层人员的奖金系数依据其季度考核结果浮动，基层人员的奖金系数依据其月考核结果浮动。考核结果为 A 执行对应岗级 A 档系数，考核结果为 B 执行对应岗级 B 档系数，考核结果为 C 执行对应岗级 C 档系数，51~59 分执行对应岗级 D 档系数，低于 50 分执行对应岗级 E 档系数。

3. 发放年终奖

年终奖水平参照年度考核结果确定。

4. 发放管理人员提成奖

管理人员提成奖与年度考核等级挂钩：

个人提成系数＝个人提成系数基数×个人年度绩效等级系数

5. 岗位竞聘

考核成绩优秀的在同等条件下优先聘用（参照考核细则）。

个人季度（月）绩效等级系数依据其上季度（月）考核等级确定，个人年度考核等级系数依据其当年综合考核等级确定，如下表所示。

年度、季度（月）考核等级系数表

考核等级	A	B	C	D	E
绩效系数	1.30	1.15	1	0.8	0

由于工作失误给公司造成严重经济损失或声誉损失者，扣除全部绩效工资。

第八章 附　则

第二十九条　制度修订

本考核制度需要修订时，由人力资源中心召集各部门讨论并形成修订方案，呈报公司总裁审核、批准。

第三十条　解释权

本制度的内容以及未载入的事项之说明和解释权归人力资源中心，员工有关于此考核制度的疑惑，人力资源中心有责任加以解释。

第三十一条　实施日期

本制度自正式颁布之日起实施。

附件：

1. SL集团关键绩效指标体系（略）

2. 工作业绩考核表(1)(略)

3. 工作业绩考核表(2)(略)

4. 工作态度考核表(略)

5. 工作态度民主评议关系表(略)

6. 工作计划书(略)

7. 工作态度事实记录表(略)

8. 季度(月)考核成绩汇总表(中层以下人员)(略)

9. 业绩、态度考核成绩汇总表(略)

10. 绩效发展计划书(略)

11. 关键绩效指标数据来源(略)

12. 申诉表(略)

13. 考核流程图(略)

14. 申诉流程图(略)

(二) 学生成果展示

新时代绩效管理课堂考核表

姓名 _____ 学号 _____ 岗位 _____

项目	分数	考核内容与标准	考核结果		自评分	考核分
			等次	分数		
学习任务	30	认真完成课堂作业,积极配合任课老师工作,积极参与团队活动。	优秀	30		
		按时完成作业,配合任课老师及小组活动。	合格	20		
		作业不按时完成,不自愿加入团队活动。	不合格	0		

(续表)

项目	分数	考核内容与标准	考核结果		自评分	考核分
			等次	分数		
学习质量	30	作业完成细微、周到、无差错、结果无反复,作业质量极高。	优秀	30		
		作业完成基本无差错,作业质量较高。	良好	20		
		作业完成不理想,内容错误多,与老师布置的任务有冲突。	合格	5		
		作业未完成。	不合格	0		
学习态度	20	具有较强的学习精神,出满勤,对自己学习有较强的责任感。	优秀	20		
		有学习精神,出勤记过1次,对自己负责任。	合格	15		
		出勤记过2次以上,学习不认真、懒散、玩游戏。	不合格	0		
课堂纪律	20	上课认真听讲,自律性强,团队意识强。	优秀	20		
		上课认真听讲,自律性较强,基本能跟上老师步伐。	合格	10		
		团队意识差,自律性差,课堂不认真听讲。	不合格	0		
自评总分			考核总分			
	签名: 年 月 日			签名: 年 月 日		

备注:①"自评分"和"自评总分"由学生本人填写并签字。
②"考核分"和"考核总分"由小组组长负责人填写并签字。
③评分要以"客观、公平、公正"为原则,不得徇私。
④考核周期为每周一次。

下表为学生在实训课堂上组建自己的公司时设计的考勤表。

Sweet Own 外贸有限责任公司考勤表

姓 名	学号	第一周	第二周	第三周	第四周	第五周	第六周	第七周	第八周
李 丽	13	○							
王薇薇	12	○							
张 娜	18	○							
许 蓉	22	○							
王博远	34	○							
李红霞	36	△							

备注：○符号代表出勤
　　　△符号代表病假
　　　◇符号代表事假
　　　×符号代表旷课
　　　！符号代表迟到、早退

任务二

企业绩效管理流程

最近,新兴服装厂人力资源部张经理接到了三位部门经理的电话,均反映不清楚绩效考核的流程,请你对企业的绩效管理流程进行优化,并进行全员培训。

一、实例参考

IBM 的绩效管理

IBM 的绩效管理工具是 PBC，即 Personal Business Commitment，翻译成中文是个人业务承诺。其要点如下：

（1）从考核周期看，PBC 以年为单位，即使是身处基层的一线员工，包括销售人员在内，也是以年为单位。

（2）从考核内容看，PBC 包括业务目标、个人发展目标和员工管理目标，其中员工管理目标仅对经理人员（People Manager，指有直接下属的各级领导）适用。

（3）从指标性质看，除业务目标中部分目标是定量指标，如销售收入、利润和工时利用率外，PBC 的其他指标大多是定性指标如团队合作、知识贡献等，即主要由上级来进行主观评定的指标。

（4）从指标数量看，大多数员工 PBC 的定量指标一般不会超过 5 个。

（5）从考核结果看，PBC 的考核结果分为五档，即 A、B+、B、C 和 D，并实行强制分布，其中 A 一般不超过 15%，C 和 D 加起来，一般不少于 5%。考核结果由经理直接给出，对于 A 和 C 或 D 的，须由经理所在的团队集体讨论决定。

（6）从考核流程看，IBM 的 PBC 会严格遵循计划、辅导、考核和反馈四个环节。其中计划在年初做出，由经理和个人讨论决定，特别强调双向承诺，即员工对领导下达的业务目标从心里承诺和领导对员工提出的个人发展目标承诺。辅导贯穿整个考核周期，制度要求经理和员工在 7 月份有一个正式的面谈，主要回顾绩效的达成情况，讨论存在的问题，以及在必要的时候对绩效目标进行修订。考核结果一般在年底做出，由经理直接反馈给员工。如果员工对考核结果不满意，可以向人力资源部门申诉。

（7）从应用结果看，IBM 是一个绩效导向很强的公司，员工的绩效考核结果对员工晋升和工资增长有着直接的决定作用。在 IBM 内部有一个说法，即使和老板的关系再好，如果你的绩效不好，你也很难晋升，当然也很难大幅加薪。

（8）一般员工一年花在 PBC 上的时间不会超过 1 天。经理人员所花时间主要看他所带的团队规模，但整体而言，除平时所给下属的指导和辅导外，其花在单个下属 PBC 上的时间，一般也不会超过 0.5 天。

从以上介绍的 PBC 的重点，可以看出，IBM 的 PBC 非常简单，但同时又是非常有效的。其有效性主要体现在以下三个方面：一是 PBC 在确保企业层面的绩效层层分解以至最终达成方面，发

> 挥了不可替代的导向作用和保障作用;二是 IBM 是一个非常注重员工个人发展的公司,PBC 在引导员工发展和企业文化落地方面也卓有成效;三是在区分员工绩效上,PBC 整体来讲,非常客观、公正和公平——PBC 结果客观、公正和公平,加之 IBM 在激励资源的分配、培训机会的分配上又基本是以绩效为导向的,就产生了两个对企业长远发展非常重要的氛围,一是正气,二是进取——因为其能有效引导员工将精力放到做事和做出成绩上。
>
> 资料来源:MBA 智库,http://www.mbalib.com/。

二、背景知识

(一)绩效管理的认识误区

1. 绩效管理与绩效考核的区别

在以往对绩效管理的认识中,往往仅将绩效管理停留在绩效考核或绩效评估的层面。多数员工认为所谓的绩效管理就是"考核",是仅与下一步"发钱"相关的一项工作,因此多数员工对绩效管理并不重视,甚至由于考核与绩效工资的挂钩而产生一定程度的抵触心理。每当提起绩效考核,员工眼前或脑海中往往浮现出一堆各式各样的表格或文件,员工和直线管理人员需要花费大量的时间填写这些他们认为没有太大价值、最终封存在人力资源部门档案柜里的表格,因此他们常常把绩效考核与"浪费时间"、"流于形式"等评价联系在一起。

造成这一现象的主要原因在于以往企业对绩效管理本身的重视程度不够,没有将绩效管理看做一项系统工程并提升至企业战略管理层面进行把控,而仅仅停留在日常的考勤、记录、计算绩效工资的层面,孤立地看待绩效评估这一行为,而没有将其定位于绩效管理过程中的一个环节。

目前,越来越多的企业已经开始重视绩效管理的全过程,并逐渐明晰绩效管理和绩效考核的本质区别,如表2-1所示。

表2-1 绩效管理与绩效考核的区别

绩 效 管 理	绩 效 评 估
● 一个完整的管理过程 ● 侧重于信息沟通与绩效提升 ● 伴随管理活动全过程 ● 事先的沟通与承诺	● 管理过程中的局部环节和手段 ● 侧重于判断和评估 ● 只出现在特定的时期 ● 事后的评估

2. 绩效管理是人力资源部门的工作

以往企业员工以及管理人员甚至高层管理人员多数认为绩效管理是人事管理工作的一个普通环节,是为绩效工资计算提供依据或是考核分数的简单过程,因此是人力资源部门的工作,而并没有将绩效管理视为各自部门以及整个公司管理过程中的一个有效工具。由于很多企业存在绩效管理是人力资源部门工作的误区,绩效管理工作的推进比较困难,其他部门跟人力资源部门容易处于对立的立场,绩效管理的工作效果往往不如人意。

然而,真正有效的绩效管理工作绝不仅仅是人力资源部门的工作。在公司整体绩效管理推进过程中,人力资源管理部门的主要职责在于牵头推进并组织联络各部门有效开展,各部门在自身的绩效改进中起到绝对主导的作用。因为只有本部门自己最了解部门的重要工作和关键任务,也只有部门领导最了解本部门员工的工作完成情况并给予相对公平的评价。同时,若公司高层管理人员能够对全公司的绩效进行全程监管,对公司级关键绩效指标进行整体把控,则更有利于公司整体绩效管理工作的有效展开,取得更为积极的效果。

3. 绩效管理是为了发奖金而进行的额外工作

多数员工甚至中层管理人员对绩效管理的认识长期停留在认为其是人力资源部门为了核算甚至是扣减员工工资而强加给其他部门的一

项额外的工作。部门经理觉得确定本部门的考核结果只是为人力资源部门提供数据依据,与本部门的业务工作没有直接关系,因此抵触心理较强,或是为了不破坏部门内员工之间的"一团和气"而对考核结果进行平均分配或是敷衍了事。

同时,员工还认为只有在核算绩效工资或是发放奖金时才会统计绩效考核结果,主观上将绩效考核与发奖金、调工资紧密挂钩,因此造成员工对考核结果过分看重,为了考核而考核,忽视了本身工作业绩的提升。

以上种种对绩效管理存在的误区,究其原因,都是没有站在系统、全面的角度看待绩效管理工作,而是孤立片面地将其看做一项单一的、额外的考核工作,由此造成了企业绩效管理效果不佳、员工抵触、绩效管理难以全面推行最终导致流于形式。因此,认识绩效管理的全面流程尤为重要。

(二) 绩效管理的流程

1. 绩效管理流程概述

绩效管理作为企业战略人力资源层面的一项重要的管理活动,是一个系统、完整且闭环的循环流程,流程中各个环节有序开展,相互影响,相互制约。只有全面认识绩效管理的系统流程,才能切实推进绩效管理工作。企业绩效管理流程如图2-1所示。

绩效管理循环流程主要包括四个大的环节,即绩效计划的制定、绩效实施、绩效评估和绩效反馈面谈,每一个绩效考核周期都是四个环节的一次循环,每一个环节又是下一个环节的基础和前提。而绩效评估结果的运用则是绩效管理过程与人力资源管理其他模块有效结合的过程。

总而言之,绩效管理是一项连续的、循环的过程,绝不是孤立的、割裂的、偶尔为之的单一行为,认识绩效管理流程中各环节之间的相互联系尤为重要。

2. 绩效计划

绩效计划的制定是绩效管理流程的起始过程,是绩效管理流程中

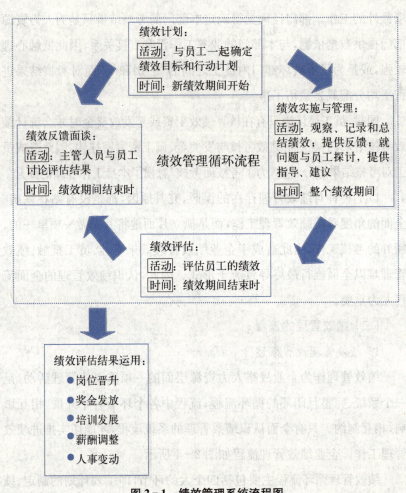

图 2-1 绩效管理系统流程图

的第一个环节,发生在新绩效期间的开始。其目的是形成绩效计划书,作为后续绩效管理全过程的主要基础和依据。

绩效计划的制定是管理者和员工共同商讨、确定的过程,双方需要在对被管理者绩效的指标或任务以及相应的期望问题上商讨达成共识,并在此基础上,被管理者对自己在本绩效期间内的工作目标和完成预期做出承诺,管理者认可确认后落实形成绩效计划的内容,作为后续绩效实施过程中双方沟通、参考的主要依据。

(1) 绩效计划的内容。

绩效计划首先是一个契约,是管理者和被管理者双方就被管理者在本绩效考核期内的工作目标和达成标准的契约。绩效计划是绩效评估的主要依据,如果没有事先约定的绩效计划,势必导致绩效评估作为孤立的环节存在,评估过程由于缺乏重要的支撑依据而偏向主观判断,从而导致结果的可信度降低。如果在评估之前没有约定什么是好的绩效和什么是不好的绩效,并就此达成一致的标准,在绩效评估的过程中就会很容易产生争议和矛盾,绩效管理的效果也将大打折扣。

在绩效期开始的时候,管理者和员工就员工的工作目标和标准所达成的契约应至少包括以下几方面的内容:

- 员工在本次绩效期间内所要达到的工作目标是什么?
- 达成目标的结果是怎样的?
- 这些结果可以从哪些方面衡量?
- 目标结果衡量和评判的标准是什么?
- 反映员工工作结果的信息从哪里获得?

通过回答上述问题,能够帮助管理者和被管理者明确工作重点,并从中提炼出相应的绩效考核指标以及各项指标所应完成或达到的程度。将所有这些内容全部讨论并明确后,形成确定的、可见形式的文档留存,作为日后绩效考核实施和评估的依据。

(2) 计划制定的原则。

绩效计划是全面反映考核期内员工所要完成的工作以及领导所期望的目标的工具,是建立在双方确认、认可的基础上的契约,因此,计划的制定必须遵循参与、沟通、可行、灵活的原则,由此所形成的计划才更具有可行性和客观性。

① 员工参与原则。

员工参与是制定绩效计划的基本前提,若没有员工参与而只是管理人员自行确定的计划,便失去其所谓契约的意义。

从我们平时的生活经验可知,当亲身参与了某件工作或参与了某项决策的制定过程时,一般会对事件或是决策更为认可和坚持,社会心理学家通过大量的关于人对某件事情的态度形成与改变的研究也证实了这点。如果亲身参与决策,就会更倾向于坚持,且在外部力量下也不轻易改变。

员工参与的过程主要体现在考核指标的确定、工作目标的确定以及相应考核标准的确定过程。员工根据本岗位的工作内容,自行提炼相应的考核指标,并就此与直接上级进行充分的讨论并最终确定,在此基础上,再采用同样的过程确定指标的目标和相应的考核标准。此外,员工参与还体现在员工对个人工作目标所做的明确承诺,公开明确的承诺往往能够使员工更加坚定目标,不会轻易改变。而上级领导单方面制定的目标和要求,员工即便可以完成也会产生抵制心理,并且由于感觉没有受到尊重而影响工作效果。

② 双向沟通原则。

上下级之间的双向沟通也是绩效计划制定所应遵循的一个重要原则,双向沟通也是充分体现员工参与的过程。在以往的绩效指标确定过程中,多数企业都是采用单向沟通的过程,由上级领导通过"下达任务、布置工作"的方式,直接决定下级的工作任务和相应标准,员工只能被动接受,且当目标难以完成时,主管领导便直接判定员工考核不合格。在这一过程中,员工自始至终都不能就自己的工作目标和工作成果与领导进行沟通。

③ 可行性原则。

可行性是指制定的绩效计划能够反映员工的工作重点和企业的绩效要求,员工可以通过自己的努力控制绩效计划的实施,并且绩效计划的执行情况可以得到有效、准确地衡量。

绩效计划确定的绩效指标和工作目标是能够控制的,应在员工职责和权利控制范围内,否则难以实现绩效计划所要求的绩效目标。同时,绩效目标要有挑战性,但又可实现。目标过高,无法实现,不具有激励性;目标过低,不利于企业绩效提升。另外,可行性还体现在绩效标准应明确,避免产生歧义,具有一定的稳定性;衡量绩效指标和工作目标的绩效数据易于收集、测量,且成本较低。

④ 灵活性原则。

绩效计划不能面面俱到,而且绩效计划实施的环境也在不断变化,所以,绩效计划制定要坚持灵活性原则,建立绩效计划的调整、变更机制。绩效计划的灵活性体现在:绩效计划本身应对变化有一定的适应性;绩效计划的执行过程具有一定的可变性和适应性;要建立灵活的绩效计划变更调整机制,规范绩效计划的变更程序。

3. 绩效实施与管理

在绩效计划确定后,员工就需要根据绩效计划所达成的内容以及自身的岗位职责展开相应的工作。而管理者则需要在员工的工作过程中给予相应的指导和监督,及时解决发现的问题,并根据工作完成进度和实际需要与员工商议决定是否要更改绩效计划。绩效计划在制定之后并非一成不变,在绩效实施过程中会出现多种无法预估的不可控因素对绩效计划的完成造成影响,因此绩效计划应随着工作的开展不断调整。持续地沟通和反馈是绩效实施期间的重要环节。

(1) 持续地绩效沟通。

持续、有效地沟通是整个绩效管理流程中的重要组成部分,也是绩效计划能够有效实施的重要保障。通过持续沟通,能够使员工和管理人员双方及时了解到绩效计划在执行过程中的相关信息,随时对绩效计划的实施情况做出判断并决策是否需要进行调整。在沟通过程中,一方面,员工能够了解自己的工作成果是否符合企业要求,也可以将工作中遇到的困难及时反映给上级领导并寻求有效的帮助;另一方面,上级管理人员也能够在第一时间指出员工工作中的问题并督促改进,避免错误积累给企业造成的损失。

基于此可知,持续、有效地绩效沟通是管理者和员工双方共同的需要,沟通的内容也应由双方根据需要确定,主要包括以下几个方面:
- 工作的进展情况如何?
- 员工和团队是否在既定的目标和标准要求的轨道上进行?
- 如果有偏离方向的趋势,应该采取什么样的行动加以扭转?
- 哪些工作进行得顺利?
- 哪些工作在进展过程中遇到了困难或障碍?
- 是否需要对行为进行调整以更加有利于目标的达成?
- 需要上级管理人员给予怎样的支持?

(2) 收集绩效信息。

在绩效管理实施的过程中,还有一个重要的工作是要全面收集绩效信息。在整个绩效管理的循环过程中,多数企业往往将重点放在考评环节上,而忽略其他环节。但在多数效果欠缺的绩效考评中,最重要的原因就是反映员工绩效表现的信息不够全面,管理者在考评时由于缺乏全面、客观的信息支持而只能根据自身主观的判断进行评价,从而导致员工对评价结果缺乏认同。因此,绩效信息的收集对公平、客观的绩效考评至关重要。

绩效信息的收集首先能够为绩效评估提供客观、公正的事实依据。在绩效评估时,将一个员工最终的绩效表现评价为"优、良、中、差"时,都需要相应的证据做支持,要能够客观地说明为什么给员工评价为不同的等级,而不能够仅凭个人的主观感觉。同时,绩效信息还可以作为晋升、加薪等人事决策的依据。

其次,绩效信息的收集也能够帮助员工和管理人员发现绩效问题或优秀表现,并及时进行改正或加以发扬,为绩效改进提供依据。绩效管理的根本目的并不是将员工分为三六九等,而是希望通过有效的监督和管理让员工不断地改进工作、提升个人能力,并最终为企业带来效益,实现双赢。因此,及时发现存在的问题和优秀的表现尤为重要,发现问题需要及时制定改进措施并加以纠偏;表现符合目标要求的,也需要加以发扬并加以固化。而提供改正问题或发扬优秀的事实依据都是由绩效信息的收集来实现的。

最后,绩效信息的收集也是在劳动争议仲裁中利益保护的手段。一旦员工对绩效评估或人事决策产生争议时,就可以利用所收集的绩效事实依据作为仲裁的信息来源,可以有效地保护企业和员工的双方利益。

4. 绩效评估

在绩效期结束时,根据预先制定的绩效计划,管理人员对下属的绩效目标完成情况进行评估。绩效评估的依据就是在绩效期间开始时双方达成一致意见的关键绩效指标;同时,在绩效实施与管理过程中所收集到的能够说明被评估者绩效表现的数据和事实可以作为判断被评估者是否达到关键绩效指标要求的证据。

5. 绩效反馈

多数企业在绩效管理的过程中,进行完绩效评估并为每一位员工得出一个分数便停止了。这样的绩效管理过程是不完善的,缺乏重要的绩效反馈过程,员工对绩效考评结果不能够充分理解,从而容易引起员工的不满,导致绩效管理逐渐流于形式。

在绩效考评后,主管人员还应该与下属就绩效考评结果进行一次面对面的交谈,使下属充分了解自己绩效结果的由来和主管领导对自己的期望,了解自身的绩效表现以及有待改进的方面。同时,通过绩效反馈面谈,下属也可以提出自己在完成绩效目标中遇到的困难,并寻求指导与帮助。

6. 绩效结果运用

绩效考评结果出来后,并不是存档留存即可,还应当对结果进行合理的运用,这样才能够使绩效管理的最终目的得以实现,确保绩效管理不流于形式。有些企业在绩效考评完成后,其结果仅在人事部门存档,对员工的薪酬、晋升、培训等各项人事决策都没有直接影响,久而久之,员工对绩效考核的重视程度将逐渐降低,甚至完全不在意,反而当成是一项额外的、不必要的事务性工作,如此绩效管理的意图必然不能得到有效实现。

绩效考核结果主要运用于员工的绩效工资的发放、年度奖金发放、调薪决策、晋升以及培训等方面。其中最直接的运用是用于月度绩效工资的发放,企业根据员工的月度考核结果,进行相应比例的绩效工资发放,能够引起员工对绩效考核的足够重视,同时也能够对员工起到实时的激励作用,有利于员工在短时期内改正自身缺陷,追求更好的绩效。

年度奖金的发放也需要参照绩效考核结果。年度奖金是对员工全年的工作表现和工作完成情况给予的肯定和奖励,因此,员工的年度绩效考核结果将直接运用于年度奖金的发放。

此外,企业在对员工进行薪酬调整、给予晋升或培训机会时,也会在一定程度上参考员工平时的绩效考核结果,对于一贯绩效表现优异的员工,理应比别人获得更多的培训或职业晋升机会。

上述环节即为绩效管理的整个循环流程,在绩效考评结果确定并进行相应的反馈和运用之后,一个考核周期才完整结束。同时,本期的绩效管理中所收集的信息、绩效的结果等也是制定下一期绩效计划的重要依据,如此往复,形成不间断的绩效管理循环流程。

三、基本技能

(一)绩效计划制定程序

1. 准备阶段

绩效计划是绩效管理过程的起始,确定整个过程的目标、走向及成果,因此,制定符合实际且具有引导和激励意义的计划尤为重要,需要提前进行详尽、周全的准备,以确保绩效计划能够最大程度地符合双方意愿。

(1) 信息准备。

首先是信息准备,要在讨论绩效计划之前收集、了解与计划制定相关的各类信息,作为绩效计划的第一手参考资料,主要包括以下几个方面:

- 组织的战略发展目标和计划;
- 公司年度经营计划;
- 本部门的目标或工作计划;
- 员工所在岗位的工作职责;
- 员工上一绩效期间的工作表现和绩效评价结果。

所需的信息大致分为三个层次,即关于企业的信息、关于部门的信息和关于员工自身的信息。绩效计划是连接员工工作与企业目标的纽带,企业通过层层分解的绩效计划,确保所有部门、所有员工能够按照企业预定的目标开展工作。因此,在制定绩效计划之前,了解企业的战略发展目标、经营计划、工作计划等是非常有必要的。

部门目标是由企业总体目标分解而来的、更加具体、更具有操作性的工作和任务,一方面与企业整体的经营目标紧密相连,另一方面也是用于分解员工个人工作目标的前提和基础,因此具有重要的承接作用。

员工个人信息主要指员工所在岗位的岗位职责、工作任务,员工个人上一考核期内的绩效表现、考核结果等。员工的绩效目标主要来自两个方面:一方面是由部门目标分解至岗位的目标,另一方面是根据岗位职责所形成的常规工作任务,这两个方面会有一定程度的重合。因此,员工个人的工作职责信息是形成绩效计划的直接依据。

(2) 沟通准备。

制定绩效计划的过程是一个双向沟通的过程,沟通的前期准备必须充分,对沟通的内容、沟通的形式甚至沟通的时间、地点都要提前设计,确保沟通过程可控。

沟通内容的准备主要是指管理人员在与员工进行绩效计划沟通前，应当对部门的经营目标和工作任务有充分了解，同时也对员工所在岗位的岗位职责有充分了解，并且根据员工个人能力及其以往的工作表现对其绩效指标有总体的想法，如此才能确保沟通的方向准确。员工在沟通前也需进行相应的准备，包括对自身工作职责的认知、对部门工作目标的理解、对个人的定位与判断等，以避免在沟通过程中过于被动。

采取何种方式进行绩效计划的沟通也同样重要。沟通方式的选择应首先确保考核和被考核双方能够对绩效计划的内容达成共同的理解，除此之外，还需对其他环境因素进行考虑，包括企业的文化和氛围、员工的特点以及所要达成的工作目标的特点等。如果希望借此机会进行全员动员和引导员工对绩效管理的正确理解，可以采用员工大会的方式；如果团队内员工工作关联密切、团队任务较多，则可采用小组沟通的方式，共同探讨各自应承担的工作任务，如此更有助于小组成员尽快建立协作与配合意识，并且也能够及时发现小组问题并加以解决。如果是管理者与员工的一对一沟通，也需进一步考虑交谈的程序和所采用的表达方式。

2. 沟通阶段

绩效计划是双向沟通的过程，绩效计划的沟通阶段也是整个绩效计划的核心阶段。在这个阶段，管理人员与员工必须经过充分的交流，对员工在本次绩效期间内的工作目标和计划达成共识。绩效计划会议是绩效计划制定过程中进行沟通的一种普遍方式。但绩效计划的沟通过程并不是千篇一律的，在进行绩效计划会议时，要根据公司和员工的具体情况进行修改，主要把重点放在沟通上面。

管理人员和员工都应该确定一个专门的时间用于绩效计划的沟通，并且要保证在沟通的时候最好不要有其他事情打扰。在沟通的时候，气氛要尽可能宽松，不要给人太大的压力，把焦点集中在开会的原因和应该取得的结果上。

在进行绩效计划会议时,首先往往需要回顾一下已经准备好的各种信息,在讨论具体的工作职责之前,管理人员和员工都应该知道公司的要求、发展方向以及对讨论具体工作职责有关系和有意义的其他信息,包括企业的经营计划信息、员工的工作描述和上一个绩效期间的评估结果等。

(1) 沟通环境与氛围。

首先,应确定一个专门的时间进行绩效沟通,选择管理人员和员工的工作相对轻松的时间段,双方都能够暂时放下手头的工作并专心进行绩效考核计划的沟通。

其次,在计划沟通的过程中尽量保持不被打扰,避免第三者进入沟通环境或是避免接打电话。意外的打扰可能会使沟通双方的思路中断,经常重复思考或询问"刚才说到哪里了"之类的问题,严重地影响沟通效果。

最后,要尽可能地创造较为宽松的沟通氛围,不要给员工太大压力。因此,沟通场所可以选择办公室以外的地方,比如茶水间或咖啡厅等,如果必须在办公室也尽量不要坐在上司办公桌的两边,而是并排或是坐在沙发上。在谈话前,上级为员工准备一杯茶水或顺便聊一些轻松的、生活化的话题,起到缓解紧张气氛的作用。

(2) 沟通的原则。

在沟通之前,员工和经理人员都应该对以下几个问题达成共识。

第一,经理和员工在沟通中是一种相对平等的关系,他们是共同为了业务单元的成功而做计划。

第二,我们有理由承认员工是真正最了解自己所从事工作的人,员工本人是自己所在工作领域的专家,因此,在制定工作的衡量标准时应更多地发挥员工的主动性,更多地听取员工的意见。

第三,经理人员影响员工的领域主要是在如何使员工个人工作目标与整体业务单元乃至整个组织的目标结合在一起,以及员工如何在组织内部与其他人员或其他业务单位中的人进行协调配合。

第四,经理人员应该与员工一起做决定,而一定不是代替员工做决定,员工自己做决定的成分越多,绩效管理就越容易成功。

(3) 沟通的内容。

绩效计划沟通的主要内容并非千篇一律,但都大致遵循一个较为固定的环节和流程。

首先,回顾与绩效相关的信息。这包括之前已经准备好的有关公司、部门以及岗位的工作目标信息、员工的岗位职责以及员工上一绩效考核期的考核结果和优劣表现。

其次,确定关键绩效指标。员工首先应就部门及岗位工作目标设定自己的工作目标,并针对工作目标进一步确定关键绩效指标,双方再根据这些关键绩效指标确定相应的评估指标和标准,并决定通过何种方式来跟踪和监控这些指标上的实际表现,关键绩效指标必须是具体的、可衡量的,并且有时间限制。

再次,要进一步讨论在指标实现过程中需要主管人员提供哪些帮助。要预估员工在完成计划时可能会遇到的困难和障碍,并讨论主管人员能够提供哪些帮助。

最后,在沟通结束时要再次确认和强调本次沟通的重点内容和达成的共识,并进一步约定下一次沟通的时间。

3. 审定和确认

在制定绩效计划的过程中,对计划的审定和确认是最后一个步骤。在这个过程中要注意以下两点。

第一,在绩效计划过程结束时,管理人员和员工应该能以同样的答案回答几个问题,以确认双方是否达成了共识。这些问题是:员工在本绩效期内的工作职责是什么?员工在本绩效期内所要完成的工作目标是什么?如何判断员工的工作目标完成得怎么样?员工应该在什么时候完成这些工作目标？各项工作职责以及工作目标的权重如何？哪些是最重要的，哪些是其次重要的，哪些是次要的？员工的工作绩效好坏对整个企业或特定的部门有什么影响？员工在完成工作时可以拥有哪些权力，可以得到哪些资源？员工在达到目标的过程中会遇到哪些困难和障碍？管理人员会为员工提供哪些支持和帮助？员工在绩效期内会得到哪些培训？员工在完成工作的过程中，如何去获得有关他们工作情况的信息？在绩效期间内，管理人员将如何与员工进行沟通？

第二，当绩效计划结束时，应达到以下结果：员工的工作目标与企业的总体目标紧密相连，并且员工清楚地知道自己的工作目标与企业的整体目标之间的关系；员工的工作职责和描述已经按照现有的企业环境进行了修改，可以反映本绩效期内主要的工作内容；管理人员和员工对员工的主要工作任务、各项工作任务的重要程度、完成任务的标准、员工在完成任务过程中享有的权限都已经达成了共识；管理人员和员工都十分清楚在完成工作目标的过程中可能遇到的困难和障碍，并且明确管理人员所能提供的支持和帮助；形成了一个经过双方协商讨论的文档，该文档中包括员工的工作目标、实现工作目标的主要工作结果、衡量工作结果的指标和标准、各项工作所占的权重，并且管理人员和员工双方要在该文档上签字确认。

4. 个人绩效计划的制定流程

根据上述绩效计划制定的主要程序，进一步梳理可知一个具体的员工绩效计划的制定主要包括如下几个步骤。

(1) 职位工作职责界定。

职位工作职责界定主要是通过工作分析的方法，对目标职位的关键业务内容及应实现的主要工作成果用简练而准确的语言进行书面描述。主要由人力资源部门协助公司高层管理者来完成。职位工作职责界定是设定关键绩效指标及做好绩效计划设计的前提和基础。职位工作职责界定完毕后,就可以开始着手为其设定关键绩效指标了。

(2) 设定关键绩效指标。

这一步主要是根据公司的战略及业务计划和工作职责的描述,为被评估者制定可衡量的、能够量化的、具有代表性的关键绩效指标。这项工作由各级经理根据直接下级的关键职责,结合本部门(本人)的关键绩效指标,与被考核人沟通确定其关键绩效指标。总的来说,在关键绩效指标的选择上,一定要力争做到科学合理,以发挥绩效管理的激励约束作用,最大限度地提升员工的绩效水平。

(3) 明确指标目标和绩效标准。

绩效标准是衡量绩效任务完成情况的依据,同时也是绩效目标的体现。绩效标准明确了绩效指标的评价维度,指明了不同级别绩效的标准。绩效衡量维度可以使员工及其上级明确绩效的关键控制点,更好地把握工作关键成功因素,提高工作效率,并确保绩效行为不偏离绩效目标;另外,绩效标准也是绩效目标的体现,指明员工应怎样做,应实现什么样的绩效水平,有效引导员工工作;最后,绩效标准为绩效考核提供了依据,并且是考核双方协商制定,有利于提高员工对绩效结果的认同度。

(4) 权重分配。

权重是绩效指标体系的重要组成部分,通过对每个被评估者职位性质、工作特点及对经营业务的控制和影响等因素的分析,确定每类及每项指标、工作目标设定整体及其中各项在整个指标体系中的重要程度,赋予相应的权重,以使考核科学合理。

(5) 确定所需资源支持和变更机制。

所需资源主要是指组织在员工执行绩效计划时可以提供的各种支持与服务。制定绩效计划时,员工直接上级需要了解其执行计划时可能遇到的困难和障碍,对遇到的障碍和困难,企业和部门应该尽可能地提供帮助以及各种资源支持。

(二) 绩效实施中的监控方法

1. 沟通的内容

沟通贯穿于绩效管理全过程的必要环节,前面已经讲到制定绩效计划需要沟通,在绩效实施过程中持续的沟通也是必不可少的。

绩效实施过程中的沟通的主要目的是及时了解绩效计划的实施情况,包括阶段性的实施成果、是否偏离预定的轨道或是需要哪些支持和帮助等。绩效实施过程中的持续沟通是员工和上级管理者都需要的,因此,沟通的具体内容也由双方协商确定。主要包括以下几个方面:

- 工作的进展情况怎么样?
- 员工和团队是否在正确达成目标和绩效标准的轨道上运行?
- 如果有偏离方向的趋势,应该采取什么样的行动扭转这种局面?
- 哪些方面的工作进展得好?
- 哪些方面的工作遇到了困难或障碍?
- 面对目前的情境,将要对工作目标和达成目标的行动做出哪些调整?
- 经理人员可以采取哪些行动来支持员工?

2. 绩效实施过程中沟通的方法

沟通的方法和形式多种多样,可以根据沟通的内容选择较为恰当的沟通方式。一般有口头沟通与书面沟通、会议沟通与谈话沟通等。各种沟通方式各有优缺点,都有其适合的情景。总体来说,沟通方法主要分为正式沟通和非正式沟通。

(1) 正式沟通的方法。

正式沟通一般是事先计划和安排好的,如定期的书面报告、面谈、有经理参加的定期的小组或团队会等。

① 定期的书面报告。员工可以通过文字的形式向上司报告工作

进展和反映发现的问题,主要有周报、月报、季报、年报。员工与上司不在同一地点办公或经常在外地工作的人员可通过电子邮件进行传送。书面报告可培养员工理性、系统地考虑问题,提高逻辑思维和书面表达能力。但应注意采用简化书面报告的文字,只保留必要的报告内容,避免烦琐。

② 一对一正式面谈。正式面谈对及早发现问题、找到和推行解决问题的方法是非常有效的。可以使管理者和员工进行比较深入的探讨,可以讨论不易公开的观点;使员工有一种被尊重的感觉,有利于建立管理者和员工之间的融洽关系。但面谈的重点应放在具体的工作任务和标准上,鼓励员工多谈自己的想法,以一种开放、坦诚的方式进行谈话和交流。

③ 定期的会议沟通。会议沟通可以满足团队交流的需要;定期参加会议的人员相互之间能掌握工作进展情况;通过会议沟通,员工往往能从上司口中获取公司战略或价值导向的信息。但应注意明确会议重点,注意会议的频率,避免召开不必要的会议。

(2) 正式沟通的步骤。

正式的绩效沟通需要进行充分的准备工作。要做好绩效沟通或面谈的准备,充分站在员工或下属的立场上关注以下步骤:

① 通知下属沟通讨论的内容、步骤和时间:要先让员工做好充分的准备,以便能充分利用沟通面谈机会阐述自己的想法、困惑、需要的支持等,从而在倾听的过程中也能获取更多的核实信息。

② 选择、营造一个和谐轻松的气氛:要考虑员工当天的工作状态、情绪表现等,选择好时间、地点,沟通的座位安排切忌和员工面对面正视(距离太近或太远)、一高一低(领导高高在上,让员工不能正常平视),这样会给员工造成一种被审问的压抑感觉。

③ 准备以下沟通内容和资料:阅读、了解考核初期与员工一起设定的工作目标;对照员工的自我评价检查其每项目标完成的情况;从下

属的同事、下属、客户、供应商等处搜集关于本下属工作表现的情况；对高分和低分的方面要搜集翔实的资料、关键事件等；整理该下属的表扬信、感谢信、投诉信等资料。

（3）非正式沟通的方法。

非正式沟通是未经计划的，其沟通途径是组织内的各种社会关系。其形式有非正式的会议、闲聊、走动式交谈、吃饭时进行的交谈等。非正式沟通的好处是形式多样、灵活，不需要刻意准备；沟通及时，问题发生后，马上就可以进行简短的交谈，从而使问题很快得到解决；容易拉近主管与员工之间的距离。

3. 绩效信息收集的方法

（1）观察法。

观察法是指主管人员直接观察并记录员工在工作中的表现。例如，一个员工对待客户的态度粗鲁、言语冒犯可能被主管人员看到；或是一个员工完成自己的工作后仍积极主动地帮助同事工作也会被主管人员看到。这些就是通过直接观察得到的信息。

（2）工作记录法。

通过某些特定的工作记录体现员工的工作内容和工作目标是否完成。例如，财务数据中体现出来的销售额数量、客户记录表格中记录下来的业务员与客户接触的情况、整装车间记录下来的废品个数等，这些都是日常工作记录中体现出来的绩效情况。

（3）他人反馈法。

如果员工的某些工作绩效不是管理者直接观察到的，也缺乏日常的工作记录，在这种情况下就可以采用他人反馈的信息。当员工的工作是为他人提供服务时，就可以从员工提供服务的对象那里得到有关的信息。例如，对从事客户服务工作的员工，主管人员可以通过发放客户满意度调查表或与客户进行电话访谈的方式了解员工绩效；对公司内部的行政后勤等服务性部门的人员，也可以向其提供服务的其他部门人员那里了解信息,最常用的方式是部门间的互相评价。

综上,绩效计划制定和绩效实施管理是绩效管理流程中的组成部分,绩效考评和绩效反馈将在后续项目中详细展开,在此不再赘述。

4. 收集绩效信息的内容

绩效信息的收集是基于关键绩效指标的要求,从不同层面、不同纬度收集能够充分反映指标执行和实施情况的信息,包括以下几个方面。

(1) 来自业绩记录的信息。

> 例如:
> - 年销售额;
> - 税前利润率;
> - 销售额同期增长率。

(2) 由主管人员进行观察得到的信息。

主要是指上级主管能够直接观察获得的与绩效表现有关的信息,包括日常的工作完成质量、完成进度等。

(3) 来自他人评估的信息。

> 例如,客户的评估:
> - 产品的价值超过了它的价格;
> - 在不告知品牌的情况下对客户进行测试,发现选择本公司产品比选择竞争对手产品的概率高;
> - 客户反映本公司产品与他们见到过的同类产品是不同的;
> - 产品使用的时间足够长。

综上所述,绩效信息收集的内容主要包括以下几个方面:

- 工作目标或任务完成情况的信息；
- 来自客户的积极的和消极的反馈信息；
- 工作绩效突出的行为表现；
- 绩效有问题的行为表现。

在收集的信息当中，有相当一部分是属于"关键事件"的信息。"关键事件"是员工的一些典型行为，既有证明绩效突出好的事件，也有证明绩效存在问题的事件。

四、核心技能

(一) 绩效计划表总体设计

基于绩效管理流程的核心技能主要包括绩效计划表的制定、绩效考核方法的选择与实施、绩效反馈等。其中，绩效考核方法的选择与实施和绩效反馈后续会有单独模块进行详细阐述，在此不再赘述，仅对绩效计划的主要内容和组成部分进行说明。

1. 部门绩效计划

部门绩效计划一般由企业经营目标和经营任务分解而来，由部门负责人与公司领导双方沟通协商所形成。所有的部门绩效计划涵盖了公司全部的经营任务，因此，部门的绩效计划对整体绩效管理的推动和实现至关重要，所涉及的内容也较多。主要包括以下几个方面：

(1) 工作分类。由于部门工作相较于个人工作而言，更为全面、繁多、复杂，因此在梳理绩效计划时，常通过分类的方式，将考核指标或工作任务进行分类明确，以便于管理。

(2) 指标或工作名称。指由公司关键绩效指标分解而来的本部门所要承担的重要工作任务。

(3) 工作要求。指针对工作任务所进行的进一步描述和明确，指出工作任务所要完成的程度，是日后建立考核标准的依据。

(4) 责任岗位与配合岗位。针对每一项工作或任务,部门都须进一步落实到相应岗位,才能真正确保指标得以落实并实现。一般情况下,并不是每项工作都能由一个岗位独立完成,而需要多个岗位配合,因此在落实指标的过程中须同时明确责任岗位和配合岗位。

(5) 计划完成时间。部门计划一般跨度较久,且涉及工作较多,因此须明确各项工作的具体完成时间,以便加以控制。

(6) 确保措施。指完成各项工作所需要的各项技术或管理层面的支持。

表2-2是某公司部门月度绩效计划表。

表2-2　某公司部门月度绩效计划表

序号	工作分类	工作项目	工作要求	责任部门	责任人	配合部门	计划完成时间	确保完成工作各项措施	制约因素	备注

2. 员工绩效计划及评估表格的主要组成要素

(1) 被评估者信息。通过填写职位、工号及级别,可将绩效计划及评估表格与薪酬职级直接挂钩,便于了解被评估者在公司中的相对职级及对应的薪酬结构,有利于建立一体化的人力资源管理体系。

(2) 评估者信息。便于了解被评估者的直接负责人和管理部门。通常,评估者是按业务管理权限来确定的,常常为上一级正职(或正职授权的副职)。

(3) 关键职责。这是设定绩效计划及评估内容的基本依据,提供查阅、调整绩效计划及评估内容的基本参照信息。

(4) 绩效计划及评估内容。包括关键绩效指标与工作目标完成效果评价两大部分,用以全面衡量被评估者的重要工作成果,是绩效计划及评估表格的主体。

(5) 权重。列出按绩效计划及评估内容划分的大类权重,以体现工作的可衡量性及对公司整体绩效的影响程度,便于查看不同职位类型在大类权重设置上的规律及一致性。

(6) 指标值的设定。对关键绩效指标设定目标值和挑战值两类,以界定指标实际完成情况与指标所得绩效分值的对应关系。对工作目标设定的完成效果评价,则主要按照工作目标设定中设置的评估标准及时间进行判定。

(7) 绩效评估周期。绩效计划及评估表格原则上以年度为周期。针对某些特定职位,如销售人员、市场人员等,根据其职务和应完成的工作目标等具体工作特点,也可以月度或季度为评估周期,设定相应指标。

(8) 能力发展计划。制定能力发展计划是以具体技能知识的方式,将企业对个人能力的要求落实到人,让员工明了为实现其绩效指标需要发展什么样的能力以及如何发展,形成持续不断、协调一致的发展道路。

表2-3是员工绩效计划及评估表的举例。

表 2-3　员工绩效计划及评估表

姓名：　　　　　部门：　　　　　岗位：
考核期间：　　年　月　日至　　年　月　日

关键工作	绩效指标	指标目标	指标权重	评价标准		完成情况	自评得分	上级评分	备注
				优秀					
				良好					
				合格					
				不达标					
				优秀					
				良好					
				合格					
				不达标					
				优秀					
				良好					
				合格					
				不达标					
				优秀					
				良好					
				合格					
				不达标					

计划确认：本人　　　年　月　日　　　直接上级　　　年　月　日

(二) 绩效考核指标分类提炼

不同企业的绩效管理理念不同,管理思路及方法也不尽相同,同时工作内容不同,故而考核指标也必然不同。但是,多数企业的绩效考核指标类别大致一致,主要包括基于工作内容或工作任务的指标、工作能力指标和工作态度指标。

1. 基于工作内容或工作任务的指标

基于工作内容或工作任务所提炼的指标一般为该岗位员工的关键

绩效指标,占据绩效考核中的主导地位,指标数量多且权重大,指标的完成情况将直接决定员工绩效表现的优劣。有关关键绩效指标的内容、提炼及考核将在下一任务中单独讲解,在此不再赘述。

2. 工作能力指标

由于个人能力的不可见性和难以对比性,能力类的指标在整个绩效考核指标体系中所占比重不应太高,且应较多地设置岗位所需的通用能力,而不是针对员工所具备的千差万别的个人能力做比较。

(1) 通用素质能力指标。

表2-4展示了某公司通用素质能力指标。

表2-4 某公司通用素质能力指标(部分)

序号	指标名称	指 标 定 义
1	执行为重	一心一意做好工作,不谈条件,多讲态度,能够真正做到令行禁止,以工作为重。
2	责任意识	对企业、对工作有高度的责任感,以主人翁的精神对待企业,干好工作,主动承担责任。
3	形象意识	时时展示对同事热情、对客户真诚的面貌,处处体现对企业忠诚、对事业进取的形象。
……	……	……

(2) 专业素质能力指标。

专业素质能力不同于通用素质能力,具有较强的针对性,也可称作职业素质能力。表2-5展示了某公司财务管理职位序列专业素质能力指标。

表2-5 某公司财务管理职位序列专业素质能力指标(部分)

序号	指标名称	指 标 定 义
1	会计核算能力	准确、及时、完整反映企业各项经营活动,根据管理需求分类会计信息。

(续表)

序号	指标名称	指标定义
2	财务分析决策能力	对公司的财务和运营数据进行分析,满足公司管理需求的能力。
3	预算计划能力	协调、编制、反馈和控制预算执行的能力。
4	资金管理能力	筹集、运用资金协助管理层实现公司的战略目标。
……	……	……

(3) 一般管理能力指标。

在设计一般管理能力指标时,要突破各类管理人员的专业限制,突出管理活动所共需的能力特点。表2-6是一般管理能力指标示例。

表2-6 一般管理能力指标

能力要项	能力指标	能力要项	能力指标
自我管理	成就愿望	沟通交流	倾听理解能力
	工作主动性		口头表达能力
	学习发展		书面表达能力
	处理压力能力		影响和说服能力
分析判断	信息收集能力	团队能力	公关能力
	分析能力		团队领导能力
	宏观思考		激励能力
推动执行	计划能力	领导才能	培养他人能力
	细节控制能力		战略思考能力
	执行能力		资源整合能力
	应变能力		制度建设能力

3. 工作态度指标

将态度纳入绩效考核体系,有利于强化对员工绩效行为的监控,有利于引导员工积极的绩效行为,有利力提高将潜在的绩效转化为工作业绩的效率。态度类指标包括部门层面的配合态度指标和个人工作态度指标。表2-7是某公司部门工作满意度绩效指标示例。表2-8是某公司员工工作态度考核指标示例。

表2-7 某公司部门工作满意度绩效指标

序号	指标名称	考 核 要 点
1	工作协作性	是否从公司整体利益出发,对需要配合工作的完成积极认真;工作信息反馈及时,在配合过程中有突出表现。
2	服务意识	是否有良好的服务意识,积极主动协助其他处室、单位工作,其他处室、单位对协助工作是否满意。
……	……	……

表2-8 某公司员工工作态度考核指标

序号	指标项目	指 标 名 称
1	纪律性	是否严格遵守工作纪律,很少吃到、早退、缺勤。
2		对待上级、同事、外部人员是否有礼貌,注重礼仪。
3		是否严格遵守工作汇报制度,按时完成工作报告。
4	团队协作	工作是否充分考虑他人处境。
5		是否能够主动协助上级、同事和下属工作。
6		是否努力使工作气氛活跃、协调,充满团队精神。
7	敬业精神	工作是否热情饱满,且能经常提出合理化建议。
8		对分配的任务是否讲条件,主动、积极、尽量多做工作。
9		是否积极学习与业务相关的知识,不断提高业务技能。
10		是否积极参加公司组织的各类培训。
11	奉献意识	是否敢于承担责任,不推卸责任。
12		为公司和组织的目标和利益不计较个人得失。
13		不搞本位主义,坚持全局观点。

五、操作过程

设计本课程整体考核流程

学生以团队为单位,根据绩效管理的整体流程模块,设计本门课程本学期的考评流程,并绘制流程图。

(1) 讨论并明确课程学习内容及目标;

(2) 提炼考核指标;

(3) 确定考核目标及相应的考核标准;

(4) 探讨整体考核流程,并绘制流程图;

特别说明:有关指标的提炼过程、权重确定等会在后续任务中进一步明确。

(5) 对考勤表、考核表进行月度汇总,分析存在的问题,提出解决对策。

六、实例展示

(一) 惠普绩效管理七步法

惠普的绩效管理是要让员工相信自己可以接受任何挑战、可以改变世界,这也是惠普独特的"车库法则"的主要精神所在(车库法则的名字来源是因为惠普创始人 Bill Hewlett 和 David Packard 是在硅谷的一个车库中建立惠普公司的)。

惠普的绩效管理可以分为两个内容:一是组织绩效管理,管理的对象是公司绩效;二是员工绩效管理,以员工作为绩效管理对象。

(一) 组织绩效管理

惠普用四个指标来衡量组织绩效管理,分别是员工指标、流程指标、财务指标和客户指标。

员工满意度调查是员工指标中的重要一项。在总结各种影响员工工作表现的因素以后,惠普提出了一个待遇适配度(Offer Fit Index,OFI)、满意度(Satisfactory,SAT)和重要性(Importance,IMT)并重的员工满意度分析方法。薪资并不是员工唯一的需求,员工的工作行为还取决于老板素质、岗位的适配性、能力的增长性、工作挑战性和休假长度及质量等其他因素。问题的关键是怎样来衡量这些指标?惠普的方法是,对每一项指标,都要从适配度、满意度和重要性三个方面用具体的、可比较的数据作出衡量,如员工对目前岗位的认可度、对直接老板的认同度、对工作前景的展望等,公司都会把这些看起来无法衡量的指标化为数据进行比较,这些数据是从平常众多的调查表中总结出来的,具有非常高的有效性和可靠性。

中国惠普的管理层基本上每年都要做员工满意度调查。在今年 5 月份做的调查中,惠普发现公司在人力资源上有所紧缺,分析原因后发现是因为 IT 业发展放缓,公司对员工的招聘非常慎重,由此造成了暂时的紧缺性。对这样的问题,公司当然不会通过紧急聘用人员来解决,而是通过岗位的调动或者工作的再分配,使每位员工的工作效率最大化。一旦 IT 业的整体环境趋向好转,公司则会有计划地招聘新员工。同时,这次调查又发现公司在对优秀员工的培训方面有所不足,在薪资和福利上也尚有改进的余地。这样的调查能让惠普找到目前公司在员工满意度方面的不足,并结合当前的经济环境对各个问题有针对性地作出调整和改进。

组织绩效评估的员工指标除了员工满意度以外,还有人才流失率和员工生产率等因素,这些因素看起来无法衡量,但却可以从平时的工作中作出记录,点点滴滴,都可以汇成大海。

组织绩效评估中的另一个指标是客户指标,其中又包括市场份额、老客户挽留率、新客户拓展率、客户满意度和客户忠诚度等几个因素。以客户忠诚度为例,惠普每年都要对现实客户和潜在客户作出调查,例如,一个客户(集体客户或个人客户)明年要采购的打印机是多少台?计划从惠普采购的是多少台?到年底再次作出调查,看客户实际从惠普采购的打印机又是多少台,这样公司就能把客户的忠诚度化为一组组可衡量的数据,这种把客户忠诚度直接和公司销售业绩用具体数据相关联的做法,能使公司上下对忠诚度这一很难衡量的指标有了现实的直接感受,也就能促使公司去努力提高客户忠诚度。

惠普的组织业绩评估还有其他两个指标,即流程指标和财务指标。流程指标包括响应周期、总缺陷率、成本改进率和产品开发周期四个因素,而财务指标则包括销售收入、经营利润和经济附加值三个因素。

(二)员工绩效管理

惠普的员工绩效管理框架包括四个步骤,通过这四个步骤的测评,惠普员工绩效管理最后要达到的目标是造氛围(培养绩效文化)、定计划(运筹制胜业绩)、带团队(建设高效团队)、促先进(保持激发先进)和创优绩(追求卓越成果)。可分为以下七个方面。

1. 制定上下一致的计划

一个公司有许多不同职位上的人员,惠普要求每个层面上的人员都要作各自的计划。股东和总执行官要制定战略计划,各业务单位和部门要制定方针计划,部门经理和其团队要制定实施计划,通过不同层面人员的相互沟通,公司上下就能制定出一致性很高的计划,从而有利于发展步骤的实施。惠普有一个独特的企业计划十步法,非常值得外人学习。

2. 制定业绩指标

对员工的业绩指标,公司用六个英文字母来表示,即SMTABC。具体的解释是:S(Specific,具体性),要求每一个指标的每一个实施步骤都要具体详尽;M(Measurable,可衡量),要求每一个指标从成本、时间、数量和质量等四个方面能作综合的考察衡量;T(Time,定时),业绩指标需要指定完成日期,确定进度,在实施的过程中,管理层还要对业绩指标作周期检查;A(Achievable,可实现性),员工业绩指标需要和老板、事业部及公司的指标相一致且易于实施;B(Benchmark,以竞争对手为标杆),指标需要有竞争力,需要保持领先对手的优势;C(Customer-oriented,客户导向),业绩指标要能够达到客户和股东的期望值。

3. 向员工授权

经理是这样一些人,他们通过别人的努力得到结果同时达到公司期望的目标,所以,惠普特别重视经理怎样向员工授权。惠普强调的是因人而异的授权方式,根据不同的员工类型、不同的部门类型和不同的任务,惠普把授权方式分为五种,分别是Act-on-your-own(斩而不奏)、Act-and-advise(先斩后奏)、Recommend(先奏后斩)、Ask-what-to-do(问斩)和Wait-until-told(听旨)。不同的员工要用不同的授权方法,因人而异。

4. 教导员工

根据员工的工作积极性和工作能力,惠普把员工分成五个类型,分别采用一种方法进行教导。最好的员工既有能力又有积极性,对这样的员工,惠普公司的管理层只是对他们做一些微调和点拨,并且很注重奖励,以使员工保持良好的状态。第二等级的员工有三种:一是工作能力强但工作积极性弱,公司主要对他们做思想上的开导和鼓励,解决思想问题;二是员工工作积极性强但能力弱,公司教导的重点就在教育和训练上;三是员工能力和积极性都处在中等,公司需要就事论事地对他们作出教导,以使得他们在能力和积极性上都有提高。最坏的员工是既无能力又无积极性,公司要对这样的员工作出迅速的处理,要么强迫他们提高能力或增长积极性,要么毫不犹豫地开除。

5. 处理有问题的员工

和其他公司一样,惠普公司也会有一些表现不好的员工,面对这些员工,迅速地作出反应是很重要的,一般处理时间在60~90天。惠普希望迅速而永久地解决不可接受的差员工,不让他们在公司过久停留。一旦公司发现哪个员工表现不好,就会向他发出业绩警告,当年不会涨工资也不会有股票期权。经过一番教导以后,当发现员工的表现没有显著改善时,就要进入留用查察期,除了不涨工资、不配授股票或期权以外,这些员工还不能接受教育资助,也不允许内部调动工作。如果一段时间的教导以后员工的表现仍未提高,公司就要立刻行动,开除这些员工。

6. 确定员工业绩等级

在评定员工业绩时,惠普要综合考虑个人技术能力、个人素质、工作效率、工作可靠度、团队合作能力、判断力、客户满意度、计划及组合能力、灵活性创造力和领导才能等指标。在评定过程中,惠普会遵循九个步骤:协调评定工作,检查标准,确定期望,确定评定时间,进行员工评定,确定工作表现所属区域,检查分发情况,得到最终许可,最后将信息反馈给员工。

7. 挽留人才

惠普通过体制、环境、员工个人事业和感情四个方面来挽留人才。惠普试图通过自己良好的公司体制来吸引员工,在平时的管理中,对员工的工作目标有很明确的界定,对各人的工作职责和工作流程有明确的划分,对不同表现的员工奖惩分明,这些体制上的优点都有可能促使员工对公司产生好感而不愿离开。在工作环境方面,公司倡导开放和平等的工作气氛,强调员工和管理人员间的相互信任和理解,同时积极营造活泼自由的工作氛围。公司尽量让员工跨部门轮换工作,从而增加员工的工作履历和工作经验,为员工的发展打造基础,并且提供大量的培训机会,让员工感觉到自己的事业能够得以迅速发展。公司还通过亲和的上下关系和对员工家庭、健康等全方位的关怀来取得员工对公司的依赖感,增强员工对公司的感情,让员工最终不愿意离开公司。

(二) 学生成果展示

以下两张表格是学生在实训课堂上对于自己组建的公司设计的月度考勤汇总表。

伊衫风尚月度考勤分数汇总表
(2月26日~3月19日)

姓 名 考勤时间	杜 x	彭 xx	孙 xx	王蕊 x	张 xx
第一周 2月26日	5	5	5	5	5
第二周 3月5日	5	5	5	5	5

(续表)

姓　名 考勤时间	杜 x	彭 xx	孙 xx	王蕊 x	张 xx
第三周 3月12日	5	5	5	5	5
第四周 3月19日	5	5	5	5	5
总　分 （基础分60）	80	80	80	80	80

致远文化培训月度考勤分数汇总表

考核时间 姓名	第一个月	第二个月	第三个月	第四个月	总分
尚 x					
童 x					
谢 xx					
徐 xx					
张 xx					
武 xx					

任务三

绩效考核指标体系设计

请设计人力资源管理专业教师关键绩效考核指标体系。

一、实例参考

可口可乐的绩效管理

可口可乐瑞典饮料公司 CCBS 采纳了卡普兰和诺顿(Kaplan & Norton)的建议,从财务层面、客户和消费者层面、内部经营流程层面以及组织学习与成长四个方面来测量其战略行动。

作为推广平衡记分卡概念的第一步,CCBS 的高层管理人员开了 3 天会议。把公司的综合业务计划作为讨论的基础。在此期间每一位管理人员都要履行下面的步骤:

(1) 定义远景;

(2) 设定长期目标(大致的时间范围为 3 年);

(3) 描述当前的形势;

(4) 描述将要采取的战略计划;

(5) 为不同的体系和测量程序定义参数。

由于CCBS刚刚成立,讨论的结果是它需要大量的措施。由于公司处于发展时期,管理层决定形成一种文化和一种连续的体系,在此范围内所有主要的参数都要进行测量。在不同的水平上,将把关注的焦点放在与战略行动有关的关键测量上。

在构造公司的平衡记分卡时,高层管理人员已经设法强调了保持各方面平衡的重要性。为了达到该目的,CCBS使用的是一种循序渐进的过程。

第一步是阐明与战略计划相关的财务措施,然后以这些措施为基础,设定财务目标并且确定为实现这些目标而应当采取的适当行动。

第二步,在客户和消费者方面也重复该过程,在此阶段,初步的问题是"如果我们打算完成我们的财务目标,我们的客户必须怎样看待我们?"

第三步,CCBS明确了向客户和消费者转移价值所必须的内部过程。然后CCBS的管理层问自己的问题是:自己是否具备足够的创新精神、自己是否愿意为了让公司以一种合适的方式发展而变革。经过这些过程,CCBS能够确保各个方面达到了平衡,并且所有的参数和行动都会导致向同一个方向的变化。但是,CCBS认为在各方达到完全平衡之前有必要把不同的步骤再重复几次。

CCBS已经把平衡记分卡的概念分解到个人层面上了。在CCBS,很重要的一点就是,只依靠那些个人能够影响到的计量因素来评估个人业绩。这样做的目的是,通过测量与他的具体职责相关联的一系列确定目标来考察他的业绩。根据员工在几个指标上的得分而建立奖金制度,公司就控制或者聚焦于各种战略计划上。

在CCBS强调的既不是商业计划,也不是预算安排,而且也不

> 把平衡记分卡看成是一成不变的；相反,对所有问题的考虑都是动态的,并且每年都要不断地进行检查和修正。按照 CCBS 的说法,在推广平衡记分卡概念过程中最大的挑战是,既要寻找各层面的不同测量方法之间的适当平衡,又要确保能够获得所有将该概念推广下去所需要的信息系统。此外,要获得成功重要的一点是,每个人都要确保及时提交所有的信息。信息的提交也要考虑在业绩表现里。
>
> 资料来源：MBA 智库,http://www.mbalib.com/。

二、背景知识

(一) 关键绩效指标

1. 什么是关键绩效指标

关键绩效指标(Key Performance Indicator, KPI)是指企业宏观战略目标经过层层分解产生的可操作性的工作目标,是企业绩效管理的基础。KPI 可以使部门主管明确部门的主要责任,并以此为基础,明确部门人员的业绩衡量指标,是反映企业策略执行效果的有效手段。建立明确的、切实可行的 KPI 体系是做好绩效管理的关键。关键绩效指标是用于衡量工作人员工作绩效表现的量化指标,是绩效计划的重要组成部分。通过 KPI 的设置和运用,可以达到以下目的：

(1) KPI 是量化或行为化的标准体系。关键绩效指标不是一个指标,也不是孤立的几个指标,而是由指标及相应标准组成的体系,不仅包括相互联系、相互影响的众多考核指标,还包括针对每一项指标的执行标准和考核依据,因此,它必须是定量化的,如果难以定量化,也必须是行为化的。只有满足此条件,关键绩效指标才具有实际可操作性。

(2) KPI 是对组织目标的增值。关键绩效指标是连接个体绩效与组织目标的桥梁,是将组织战略目标层层分解、逐步细化至个人绩效考核指标。关键绩效指标构成公司战略目标的组成部分和支持体系,每个职位的绩效指标都是针对对组织目标起到增值作用的工作产出来设定的,基于这样的关键绩效指标对绩效进行管理,就可以保证真正对组织有贡献的行为受到鼓励。

(3) KPI 是绩效沟通的基石。通过在关键绩效指标上达成承诺,员工与管理者都可以进行工作期望、工作表现和未来发展方面的沟通。

2. 构建关键绩效指标体系的意义

(1) 作为公司战略目标的分解,KPI 的制定有力地推动公司战略在各单位、各部门得以执行。

(2) KPI 为上下级对职位工作职责和关键绩效要求有了清晰的共识,确保各层各类人员努力方向的一致性。

(3) KPI 为绩效管理提供了透明、客观、可衡量的基础。

(4) 作为关键经营活动的绩效的反映,KPI 帮助各职位员工集中精力处理对公司战略有最大驱动力的方面。

(5) 通过定期计算和回顾 KPI 执行结果,管理人员能清晰了解经营领域中的关键绩效参数,并及时诊断存在的问题,采取行动予以改进。

3. 关键绩效指标设定中的常见问题

(1) 指标与公司战略脱节。部门及个人在提炼自身考核指标时,避重就轻,只按照本部门的想法,提出目前能做的、亟须做的或容易实现的目标,更多地关注部门内部或员工个人,忽视了整体战略。

(2) 缺乏可操作性。诸多企业绩效管理难以推动实施的原因都在于绩效指标考核体系缺乏可操作性,指标的考核标准难以明确量化,从而导致考核评价无从下手,考核结果也缺乏相应的可信度。

(3) 绩效指标过少或过多。关键绩效指标是针对企业重点战略目标或重点经营活动的衡量,因此要求所提炼的指标应精简但高效。但是,企业在实际提炼过程中,指标往往过少或过多。指标过少一般是由于指标不全面或过于笼统,指标不全面将直接导致考核不全面,从而对员工的约束和激励也不够全面,甚至引导员工采取急功近利的短期行为;指标过于笼统则难以量化。相反,考核指标过多则是由于在提取指标的过程中没有突出战略重点,事无巨细,悉数罗列各项事务指标,从而导致考核工作量大,考核成本过大,考核过程烦琐,且难以保证重点战略目标的有效控制。

(4) 指标确立缺乏沟通。关键绩效指标体系包括考核指标,更包括针对每一项指标的考核标准和考核细则,如此才具有可操作性。但是,企业在确定考核指标和考核标准的过程中,往往忽视了上下级沟通的必要性,而是习惯地由上级确定指标、指定目标、制定标准,而下级只能被动承受,如此将导致员工从起初就对绩效考核产生强烈的抵触心理,不利于绩效考核的有效推进。KPI 不应是由上级强行确定下发的,也不是由本职职位自行制定的,它的制定过程由上级与员工共同参与完成,是双方所达成的一致意见的体现。它不是以上压下的工具,而是组织中相关人员对职位工作绩效要求的共同认识。

(二) 平衡计分卡

1. 什么是平衡计分卡

平衡计分卡(The Balanced Score Card, BSC)是根据企业组织的战略要求而精心设计的指标体系。平衡计分卡是一种绩效管理的工具,它将企业战略目标逐层分解转化为各种具体的、相互平衡的绩效考核指标体系,并对这些指标的实现状况进行不同时段的考核,从而为企业战略目标的完成建立起可靠的执行基础。

平衡计分卡的核心思想是通过财务、客户、内部经营过程、学习与成长四个方面指标相互驱动的因果关系,实现"绩效计划——绩效考核——绩效改进与战略实施——战略修正"的目标。平衡计分卡所关注的四个考核方面主要包括：

（1）财务角度。财务业绩指标可以显示企业的战略及其实施和执行是否对改善企业赢利做出贡献。财务目标通常与获利能力有关，其衡量指标有营业收入、资本报酬率、经济增加值等，也可能是销售额的迅速提高或创造现金流量。

（2）客户角度。在平衡记分卡的客户层面，管理者确立了其业务单位将竞争的客户和市场以及业务单位在这些目标客户和市场中的衡量指标。客户层面指标通常包括客户满意度、客户保持率、客户获得率、客户盈利率以及在目标市场中所占的份额。客户层面使业务单位的管理者能够阐明客户和市场战略，从而创造出出色的财务回报。

（3）内部流程角度。管理者要确认组织擅长的关键的内部流程，这些流程帮助业务单位提供价值主张，以吸引和留住目标细分市场的客户，并满足股东对卓越财务回报的期望。其主要关注的是企业各部门、员工必须在哪些流程上表现优异才能确保实现企业总体的战略目标。

（4）学习与成长角度。它确立了企业要创造长期的成长和改善就必须建立的基础框架，确立了未来成功的关键因素。平衡记分卡的前三个层面一般会揭示企业的实际能力与实现突破性业绩所必需的能力之间的差距，为了弥补这个差距，企业必须投资于员工技术的再造、组织程序和日常工作的理顺，这些都是平衡记分卡学习与成长层面追求的目标。如员工满意度、员工保持率、员工培训和技能等以及这些指标的驱动因素。

平衡计分卡这四个方面的指标，具有密切的因果关系，互为驱动因素。

2. 平衡计分卡的特点

（1）财务与非财务的平衡。平衡计分卡体系要求从财务和非财务的角度思考企业战略目标及考核指标，避免以往考核过于注重财务指标而忽视其他的管理等非财务指标。

(2) 短期与长期的平衡。平衡计分卡体系既要求关注短期战略目标和绩效指标,也关注长期战略目标和绩效指标。

(3) 结果与过程的平衡。平衡计分卡体系既要求关注结果性指标,也关注过程导向性指标,避免只重结果、忽视过程的短视行为。

(4) 内部与外部的平衡。平衡计分卡体系指标既包括对企业内部运营过程的考量,也关注外部群体对企业的评价与考核,平衡计分卡可以发挥在有效执行战略的过程中平衡内外部群体间利益的重要性。

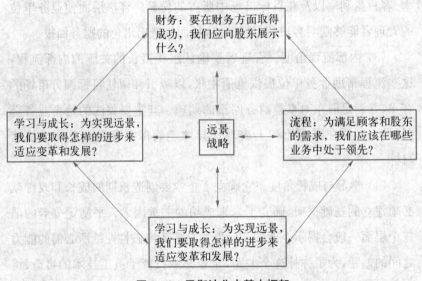

图 3-1 平衡计分卡基本框架

(三) 目标管理

1. 什么是目标管理

目标管理(Management by Objective,MBO)是以目标为导向、以人为中心、以成果为标准而使组织和个人取得最佳业绩的现代管理方法。目标管理也称成果管理,俗称责任制。它是指在企业全体职工的积极参与下,自上而下地确定工作目标,并在工作中实行"自我控制",自下而上地保证目标实现的一种管理办法。

(1)一种现代管理方法。目标管理是一种理论,更是一种现代管理方法,既强调目标的设置,更强调对目标的双向管理过程。

(2)重视人的因素。目标管理是一种参与的、民主的、自我控制的管理制度,也是一种把个人需求与组织目标结合起来的管理制度。在这种制度下,上级与下级的关系是平等、尊重、依赖、支持,下级在承诺目标和被授权之后是自觉、自主和自治的。

(3)建立目标锁链与目标体系。目标管理通过专门设计的过程,将组织的整体目标逐级分解,转换为各单位、各员工的分目标。从组织目标到经营单位目标,再到部门目标,最后到个人目标。在目标分解过程中,权、责、利三者已经明确,而且相互对称。这些目标方向一致,环环相扣,相互配合,形成协调统一的目标体系。只有每个人员完成了自己的分目标,整个企业的总目标才有完成的希望。

(4)重视成果。目标管理以制定目标为起点,以目标完成情况的考核为终点。工作成果是评定目标完成程度的标准,也是人事考核和奖评的依据,成为评价管理工作绩效的唯一标志。至于完成目标的具体过程、途径和方法,上级并不过多干预。所以,在目标管理制度下,监督的成分很少,但控制目标实现的能力却很强。

2. 目标管理的特点

(1)员工参与管理。目标管理是员工参与管理的一种形式,由上下级共同商定,依次确定各种目标。

(2)以自我管理为中心。目标管理的基本精神是以自我管理为中心。目标的实施由目标责任者自我进行,通过自身监督与衡量,不断修正自己的行为,以达到目标的实现。

(3)强调自我评价。目标管理强调自我对工作中的成绩、不足、错误进行对照总结,经常自检自查,不断提高效益。

(4)重视成果。目标管理将评价重点放在工作成效上,按员工的实际贡献大小如实地评价,使评价更具有建设性。

(四) KPI、BSC 与 MBO

KPI、BSC 和 MBO 都是现代绩效管理中广泛运用的方法和工具。BSC 更加强调其作为指标提取思路和工具的特性,为企业绩效管理指标的提炼明确方向和类型,为绩效指标的全面性奠定基础。

KPI 则从体系角度强调指标结果,是包括指标名称、指标标准、考核方式的一个完整的指标体系。KPI 的提炼思路和方法可以来源于 BSC。

MBO 强调其方法的特性,是一种管理过程和管理方法,是针对绩效指标的具体的管理过程。

由此可见,BSC 是思路及工具,MBO 是管理方法,KPI 是指标结果,只有将三者进行有效地融合,从 BSC 的理念和角度提取 KPI,再运用 MBO 方法对 KPI 进行管理,才能真正实现绩效管理指标体系的有效构建和管理实施。

三、基本技能

(一) 关键绩效指标的提炼原则及方法

1. 关键绩效指标提取的 SMART 原则

确定关键绩效指标有一个重要的 SMART 原则。SMART 是 5 个英文单词首字母的缩写:

(1) S 代表具体(Specific),指绩效考核要切中特定的工作指标,不能笼统;

(2) M 代表可度量(Measurable),指绩效指标是数量化或者行为化的,验证这些绩效指标的数据或者信息是可以获得的;

(3) A 代表可实现(Attainable),指绩效指标在付出努力的情况下可以实现,避免设立过高或过低的目标;

(4) R 代表现实性(Realistic),指绩效指标是实实在在的,可以证明和观察;

(5) T 代表有时限(Time-bound),注重完成绩效指标的特定期限。

在构建关键绩效考核指标体系的过程中,应时刻注意遵循这五项原则,才能确保指标提取不偏离公司战略目标要求,也确保指标具有后续考核的可操作性。

表 3-1 关键绩效指标提取的 SMART 原则

原则	正确做法	错误做法
具体的 (Specific)	● 切中目标 ● 适度细化 ● 随情景变化	● 抽象的 ● 未经细化 ● 复制其他情景中的指标
可衡量的 (Measurable)	● 数量化的 ● 行为化的 ● 数据或信息可得	● 主观判断 ● 非行为化描述 ● 数据或信息无从获得
可实现的 (Attainable)	● 在付出努力的情况下可以实现 ● 在适度的时限内实现	● 过高或过低的目标 ● 期间过长
现实的 (Realistic)	● 可证明的 ● 可观察的	● 假设的 ● 不可观察或不可证明的
有时限的 (Time-bound)	● 使用时间单位 ● 关注效率	● 不考虑时效性 ● 模糊的时间概念

2. 关键绩效指标提取的鱼骨图分析法

鱼骨图分析法也叫因果分析法,其最初是用于质量管理,是一种发现问题"根本原因"的方法,近年来广泛运用于绩效考核指标的提取和分解中,将总体的、综合的、宏观的战略目标逐层逐一分解成具体的、细致的、微观的具有实际可操作性的指标体系(如图 3-2 所示)。

在运用鱼骨图分解指标的过程中,先将最顶层指标进行分解,形成一级指标。再针对每一个一级指标,逐一进一步分解至二级指标。如有需要,还需继续针对二级指标向下分解,直至分解为具体的、可考量的指标。通过鱼骨图逐层分解指标的方式,能够将原本抽象的指标逐

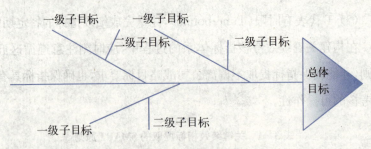

图 3-2　鱼骨图分解示意

渐分解成具体的指标,为进一步明确指标责任、量化指标考核标准奠定基础。运用鱼骨图分解指标的示例如图 3-3 所示。

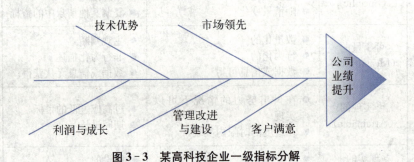

图 3-3　某高科技企业一级指标分解

图 3-3 表明了在公司提升整体业绩的要求下,需要从市场领先、技术优势、客户满意、管理改进与建设以及利润与成长几个方面重点加强,但这些方面仍然太过笼统,难以进行具体的责任明确和考量,因此还须进一步分解。以"市场领先"这一指标为例进行进一步分解(见图 3-4)。

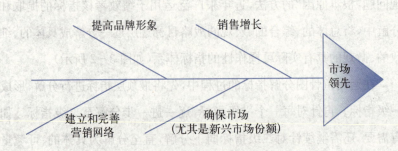

图 3-4　某高科技企业二级指标分解示例

考核指标必须可量化或可行为化,才具有实际的可操作性。因此,当二级指标仍然不能明确具体的责任人和考核标准时,就需继续分解。以"确保市场(尤其是新兴市场份额)"为例进行进一步分解(见图3-5)。

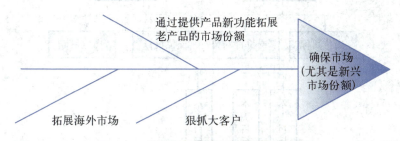

图3-5 某高科技企业三级指标分解示例

3. 分解关键绩效指标的路线

关键绩效指标分解的总体思路是由上到下、由粗到精,在具体操作过程中,可以从不同角度展开。

(1)依据组织机构分解建立KPI体系。

第一种思路是依据组织机构设置分解指标,为企业的各项宏观战略目标逐一确定落实相应的责任部门,形成部门目标或部门关键绩效指标,各部门再将自身承担的各项关键绩效指标进行进一步分解,落实到各相关岗位及责任人。基于此过程,确保全部公司重大战略目标均能够落实至相关的责任部门和责任人,使下一步的部门考核和员工考核都更具可操作性。如图3-6所示。

(2)依据内部流程分解建立KPI体系。

依据流程分解建立KPI体系的思路是把组织目标落实到内部流程,突出组织目标实现中的流程责任,根据业务流向的输入和输出确定和分解KPI。但这种指标设置的方式增加了部门的管理难度,有可能出现忽略部门管理责任的现象。而且,依据流程设计KPI体系更多是以结果为导向的指标,缺乏驱动性指标对过程的描述。

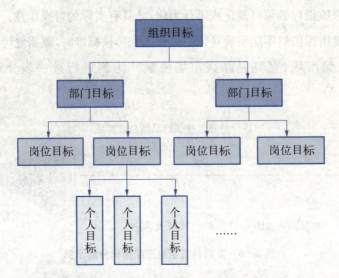

图 3-6 基于组织机构的关键绩效指标分解

(3) 先按业务流程横向分解,再按组织结构自上而下审视。

这种方法结合了以上两种分解思路的好处,先从流程出发,沿着业务流横向分解和确定 KPI;再根据部门、岗位的职责,纵向检查指标和目标的设置情况,避免过多捆绑和挂一漏万。

以上三种关键绩效指标分解的思路,均可采用前面所讲的鱼骨图分析法,逐层分解相应指标,最终落实指标责任。

(二) 关键绩效指标体系的设置流程

1. 构建评价指标体系

由关键绩效指标的定义可知,指标均是从企业战略目标的层面逐层分解来的,均在一定程度上体现企业战略发展的方向。提取关键绩效指标可按照从宏观到微观的顺序,依次建立各级的指标体系。首先明确企业的战略目标,找出企业的业务重点,并确定这些关键业务领域的 KPI,从而建立企业级 KPI。接下来,各部门的主管需要依据企业级 KPI 建立部门级 KPI。然后,各部门的主管和部门的 KPI 人员一起再将 KPI 进一步分解为更细的 KPI。这些业绩衡量指标就是员工考核的要素和依据。因此,构建关键绩效指标体系的过程也就是将企业战略目标逐步分解至具体指标的过程,如图 3-7 所示。

图 3-7　关键绩效指标分解流程

(1) 明确公司战略目标。

战略目标是企业在其经营过程中所要达到的市场竞争地位和管理绩效的目标,包括在行业中的领先地位、总体规模、竞争力分析、市场份额、收入和盈利增长率、投资回报率以及企业形象等。没有稳固的战略,关键绩效领域和关键绩效指标也成了无源之水,因此,明确战略目标是企业各项业务有效实施的前提。

(2) 明确关键绩效领域。

明确了战略目标,下一步就需要对最有效驱动战略目标的关键绩效领域(Key Performance Area,KPA)进行确定。KPA 是指对企业总体竞争地位和企业战略目标的实现有重大影响的变量和领域。它是制定关键绩效指标的重要依据。往往因行业不同和企业产品生命周期不同,KPA 也有所不同。如表 3-2 所示。

表 3-2　产品不同生命周期和阶段中的 KPA

	投入期	成长期	成熟期	衰退期
市场	广告宣传、争取开辟销售渠道	建立商标信誉;开拓新销售渠道	保护现有市场;渗入竞争对手的市场	选择市场区域,改善企业形象
生产经营	提高生产率;开发产品标准	改进产品质量;增加花色品种	加强和顾客的关系,降低成本	缩减生产能力,保持价格优势
财务	利用金融杠杆	集聚资源以支持生产	控制成本	提高管理控制系统的效率

(续表)

	投入期	成长期	成熟期	衰退期
人力资源	使员工适应新的生产和市场	发展生产和技术能力	提高生产效率	面向新的增长领域
研究开发	掌握技术秘诀	提高产品的质量和功能	降低成本、开发新品种	面向新的增长领域
成功的关键因素	销售、消费者、市场份额	对市场需求的敏感、推销、产品质量	生产效率和产品功能,新产品开发	回收投资,缩减生产能力

(3) 设计公司级关键绩效指标。

确定了关键绩效领域以后,采用鱼骨图分析法将每一关键领域内的各项指标进行分解和提炼。

(4) 筛选关键绩效指标。

当全部关键领域的指标分解完成后,还需从整体角度遵照关键绩效指标提取的 SMART 原则对指标进行筛选,避免指标设置过多和过于繁杂,导致重点不突出及考核成本过大等问题。

通过以上步骤的逐步推进,才能最终确定用于全公司绩效考核的各项关键绩效指标。由此得出的关键绩效指标也更能够反映公司最为关键和最需把控的各项业务。某公司关键绩效指标示例如表 3-3 所示。

表 3-3 公司级关键绩效指标示例

业务重点	策略目标	关键绩效领域	公司或一级关键绩效指标 KPI
市场领先	市场拓展	大客户增长	大客户对大项目的贡献率
			大客户增长率
			大客户新兴市场占有率
		新客户数量增长	新客户数量增长
		新业务收入增长	新业务营业增长率
		拓展海外市场	海外销售额

（续表）

业务重点	策略目标	关键绩效领域	公司或一级关键绩效指标KPI
市场领先	品牌影响力	市场宣传有效性	目标市场促销投入资金增长率
			目标市场铺货率
			行业排名定位
	销售增长力	当期营业额	当期营业收入增长率
	完善营销网	目标市场一级分销商	目标市场一级分销商增长率
		目标市场占有业务代表数量	目标市场平均业务代表占有率
客户服务	客户满意	客户满意度	返修率
			电子解款方式目标市场普及率
			对客户要求的响应程度
		客户资源管理	客户资源管理
利润增长	应收账款	汇款速度、期限	按合同回款及时率
		呆账、坏账数量	坏账率
			呆账率
			坏账准备金
	费用控制	办公费用	办公费用总支出减少额
		业务招待费	业务招待费减少额
	纯利润	纯利润目标	纯利润目标达成率
组织建设	人员	关键少数	工作效率
			培训与结果
	素质	总政策执行情况	员工综合满意指数
	文化	员工安心工作	

（5）落实关键绩效指标。

关键绩效指标是对企业战略管理目标的逐层分解,战略目标的实现需要靠企业员工的共同努力,因此,绩效指标也需要明确相应的载体才有可能实现相应的目标。当绩效指标提炼筛选确定后,还需给所有指标分别找到相应的责任部门及责任人,指标的考核才真正具有可操作性和可实施性。

2. 明确责任角色

当选定关键绩效考核指标后,还需进一步将指标分别落实到各个部门、各个岗位甚至员工,确保责任到人,才能真正保证指标能够有效地实施和落实。

由于关键绩效指标为公司级的重大考核指标,一般情况下难以由一个部门独立完成,往往涉及多个部门之间的合作协调。在此过程中,若没有明确的责任归属,部门之间容易产生互相推诿和推卸责任的情况,从而最终导致指标难以完成,且无法确定直接责任者。同样,当指标完成较好、公司要进行奖励分配时,也容易出现互相争抢,导致分配不公平。因此,在指标确定之初进行责任确定时,就应同步明确在该项指标上各相关部门分别承担的责任角色,包括直接承担责任、直接配合责任和间接配合责任等。直接承担责任是指对该项指标直接负责,责任重大,当指标未完成时,直接责任部门需对未完成的原因、困难等进行说明,并承担相应的惩罚责任;直接配合部门是指针对该项指标虽不直接负责,但需承担重要的或较多的配合工作,以配合直接责任部门完成指标,当指标不能完成时,需及时向责任部门说明情况,商讨解决方式;间接配合部门是指针对指标的完成承担较少的、间接的、服务保障性工作,责任较少。

本着权责利对等的原则,针对关键绩效指标的责任角色的明确过程同时也是确定各部门在该项指标完成过程中的权力和责任的过程。直接责任部门承担的责任最大,同时也具备组织协调配合部门开展工作甚至直接分配工作的权力;配合部门承担责任相对较小,但需配合直接责任部门工作,不能由于本部门的原因导致指标未完成;同理,直接责任部门的考核系数也相对更高,当指标完成时,直接部门所获得的绩效奖金更高,反之亦然。

(三) 设定指标评价标准

1. 绩效标准

在绩效指标体系中,绩效指标和绩效标准是最主要的组成部分。绩效指标指明了具体从哪些方面对员工绩效进行衡量或评价,而绩效考核标准则指出了被考核者在各绩效指标上应分别达到什么样的绩效水平。绩效标准的确定有助于保证绩效考核的公正性,有助于科学确定员工的实际绩效水平。

在确定指标并明确责任后,还需进一步制定针对各项指标的考核标准,作为日后绩效考核的重要依据,层次明确、标准合理、结果可量化的指标评价标准是绩效考核过程能够持续有效实施的重要基础。

一般来说,指标指的是从哪些方面来对工作进行衡量或评价;而标准指的是在各个指标上分别应该达到什么样的水平。指标解决的是需要评价"什么"的问题,标准解决的是要求被评价者做得"怎样"和完成"多少"的问题。

标准是衡量事物的依据和准则。同理,关键绩效指标的考核标准是衡量指标完成程度的依据和准则,也就是指标要完成到什么程度才算合格甚至是优秀,指标完成到什么程度是不合格甚至是不可接受。

绩效标准是对绩效指标进行考量、评定、分级的尺度,示例如表3-4所示。

表3-4 绩效指标与绩效标准

绩 效 指 标	绩 效 标 准
年销售额	年销售额在200万～300万
税前利润率	税前利润率15%～20%
销售额同期增长	销售额比去年同期增长5%～8%
费用控制率	实际费用与预算相差3%以内

绩效标准作为绩效指标评价和考核的依据，一般包括考核要素、评价等级和标准主体三个部分。

(1) 考核要素是指衡量绩效指标的考核要点和考核难度，指明应从哪些方面对绩效指标进行衡量；通过考核要素有利于抓住绩效要点，对绩效指标形成有效的监控和管理。

(2) 评价等级是指对绩效指标完成情况进行等级划分，是衡量绩效差异的依据，使绩效考核结果更具意义和实用性。

(3) 标准主体是规范化行为或结果，是对各绩效等级绩效特征的描述，是绩效标准的主要部分。

2. 绩效标准的分类

绩效指标的类型不同，设置绩效标准时考虑的角度也有差别。一般情况下，常见的绩效标准类型如下。

(1) 基于标准相对性的分类。

基于标准的相对性可分为绝对标准和相对标准。

① 绝对标准。绝对标准也可理解为员工"自己与自己"比较，通过对比工作完成的绝对值和目标值确定员工的绩效水平。通过对员工工作行为的研究，建立绩效行为和绩效结果标准，然后将达到该项标准列入考核范围，而不是在员工之间进行比较。绝对标准是以固定标准衡量员工绩效。例如，某生产厂家对流水线操作工的产品生产量的考核标准为每小时120件以上记为"优秀"，每小时100件以上记为"较好"，每小时80件为"合格"，每小时低于80件则记为"不合格"。

② 相对标准。相对标准也可理解为员工"相互之间"的比较，通过将员工间的绩效表现相互比较评定个人工作的好坏，将被考核者按照某种维度作顺序排名，或将被考核者归入先前决定的等级内，再加以排名。例如，规定在考核结果中，按成绩高低选取，5%为优秀，20%为良好，50%为称职，20%为基本称职，5%为不称职。

绝对标准和相对标准的运用与工作的内容、被考核者的工作相关程度有关。一般情况下,员工工作内容相似、具有较强的可比性、工作成果可量化的,常用相对标准;而工作内容独立、不具有相互对比性的,采用绝对标准。

(2) 基于可量化程度的分类。

根据绩效标准的可量化程度,可分为定量标准、定性标准和混合式标准。

定量标准主要是指通过具体的数字规定,明确各指标的绩效要求;定性标准是指通过文字性的语言描述界定各指标的绩效要求,常见的是行为化、期望式等语言描述;顾名思义,混合式标准即定量化和定性化相结合的描述形式。表 3-5、表 3-6 和表 3-7 分别是这三种标准的示例。

表 3-5 定 量 标 准

绩效标准	绩 效 标 准				
	A	B	C	D	E
销售增长率	增长 15%以上	增长 10%~15%	增长 5%~10%	持平至增长 5%	负增长
毛利润	100 万元以上	80 万~100 万元	60 万~80 万元	40 万~60 万元	40 万元以下

表 3-6 定 性 标 准

绩效因素	绩效标准示例
业务活动	1. 正确理解工作指标和方针,制定适当的实施计划; 2. 按照下级的能力和个性合理分配工作; 3. 及时与有关部门进行必要的工作联系; 4. 工作中始终保持协作态度,顺利推动工作。
管理监督	1. 人事关系方面,下级没有不满或怨言; 2. 善于放手让下级去工作,鼓励他们乐于协作的精神; 3. 十分注意生产现场的安全卫生和整理整顿工作; 4. 妥善处理工作中的失败和临时追加的工作任务。

表 3-7 混合式标准

绩效标准	绩效标准				
	4分	3分	2分	1分	0分
工作满意度	90%以上的部门非常满意	70%~90%以上的部门非常满意	70%以上的部门基本满意	50%~70%以上的部门基本满意	不足50%的部门基本满意
工作有效性	提前计划时间25%以上完成	提前计划时间10%~25%以上完成	在计划时间完成,效果良好	落后计划时间10%~25%完成,效果较差	落后计划时间25%以上完成,效果差

3. 考核标准制定的原则

(1) 定量准确原则。

① 标准的起止水平应合理确定;

② 标准的含义、相互间的差距应当明确合理,评分可采用等距式或差值递增式设置;

③ 等级的档次数量要合理,不宜过多或过少;等级过多将增加考核的难度和成本,等级太少又难以准确反映考核差距。

(2) 先进合理原则。先进性原则是指指标考核标准在反映当前绩效水平的基础上具备一定的超前性,是"跳起来可以够得着"的水平;合理性原则是指大部分员工经过努力可以接近或达到,若多数员工经过努力仍无法达到目标,则无法实现有效激励的意义。

(3) 明确具体原则。指标的衡量标准应充分体现指标本身的特点,标准描述明确具体,避免用泛泛的说法概括。

(4) 简明扼要原则。标准描述应在确保明确具体的原则下,尽量简明扼要,避免长篇大论,模糊重点。

四、核心技能

(一) 基于平衡计分卡的绩效指标

表 3-8 基于平衡计分卡设计的某公司财务部门绩效指标体系

绩效维度	目 标	绩 效 指 标
财务		● 总资产回报率 ● 预算费用控制率
客户	内部客户	● 财务分析报告接受率 ● 财务专业理财意见采纳率 ● 日常服务满意度
客户	外部客户	信息披露的完整性、准确性和及时性
内部流程	预算管理流程	● 预算完成率
内部流程	资金收支流程	● 资金安全率 ● 资金周转率
内部流程	业绩披露流程	● 合法性 ● 及时性
学习与成长	对内：提高业务能力和管理能力	● 财务人员资格认证 ● 经理人员财务管理培训时间 ● 一般财务人员培训时间
学习与成长	对外：培养财务部门以外的财务管理知识	财务培训场次

(二) 关键绩效指标提炼

基于前文所述鱼骨图的方法，进行绩效指标提炼，如表 3-9 所示。

表 3-9 关键绩效指标提炼

关键成功因素 （总体目标）	关键绩效指标要素 （一级指标）	关键绩效指标 （二级指标）
增加利润	应收账款	资金回收率 应收账款周转率 不良账款比率

(续表)

关键成功因素 （总体目标）	关键绩效指标要素 （一级指标）	关键绩效指标 （二级指标）
增加利润	费用控制	生产成本控制率
		管理费用控制率
		……
	纯利润	
	……	
……		

(三) 关键绩效指标责任分解

表 3-10 关键绩效指标责任分解

责任部门			部门1	部门2	部门3	部门4	……
关键绩效指标							
序号	指标名称	角色定位					
1		直接承担部门					
		直接配合部门					
		间接配合部门					
2		直接承担部门					
		直接配合部门					
		间接配合部门					
3		直接承担部门					
		直接配合部门					
		间接配合部门					
……		直接承担部门					
		直接配合部门					
		间接配合部门					

五、操作过程

（一）小组关键绩效指标考核体系设计

要求学生以小组为单位，依据课程的要求和学生的纪律要求，制定本组的本课程关键绩效指标体系和组长的关键绩效指标体系。

（1）在深刻认识学生学习的总体目标后讨论和明确关键绩效领域，包括学习态度、实训作业完成情况等；

（2）进一步在各关键绩效领域下细化形成具体考核指标；

（3）针对各项指标讨论制定相应的评价标准；

（4）在小组考核指标体系的基础上，根据组长的工作职责的特殊性改进形成组长的关键绩效指标体系；

（5）各小组展示本组讨论结果，补充优化成统一的绩效考核指标体系，作为本课程的考核依据，在课程全过程贯穿实施。

（二）任课教师关键绩效指标考核体系设计

要求学生每人独立设计任课教师关键绩效指标体系。

（1）了解教师授课的总体目标并在此基础上确定关键绩效领域；

（2）进一步在各关键绩效领域下细化形成具体考核指标；

（3）针对各项指标制定相应的评价标准。

六、实例展示

BQ 集团的考核指标体系

（一）财务指标

1. 财务效益状况

净资产收益率、总资产报酬率、销售营业利润率、成本费用

利润率、资本保值、增值率

2. 资产运营状况

总资产周转率、流动资产周转率、存货周转率、应收账款周转率

3. 偿债能力状况

资产负债率、流动比率

4. 发展能力状况

销售营业增长率、资本累积率、总资产增长率、三年利润平均增长率、三年资本平均增长率

（二）客户指标

1. 价格状况

价格波动比率

2. 服务状况

促销效益比率、客户满意度、客户档案完整率

3. 品牌状况

产品上架率、投诉处理及时率、货款回笼及时率、销售收入完成率、相对市场占有率

（三）内部过程

1. 质量状况

原材料采购计划完成率、原材料质量一次达成率、正品率、工艺达标率

2. 成本状况

原辅料耗损率、单位成品原辅料成本

3. 效率状况

配送及时率、设备有效作业率、产品供货周期

（四）学习与发展指标

1. 学习指标

培训覆盖率、核心人才流失率

2. 发展指标

技术与产品储备度、产品创新度

（五）部门指标

1. 市场部

（1）市场份额指标：销售增长率、市场占有率、品牌认知度、销售目标完成率、市场竞争比率

（2）客户服务指标：投诉处理及时率、客户回访率、客户档案完成率、客户流失率

（3）经营安全指标：贷款回收率、成品周转率、销售费用投入产出比

2. 生产部

（1）成本指标：生产效率、原料损耗率、设备利用率、设备生产率

（2）质量指标：成品一次合格率

（3）经营安全指标：原料周转率、备品周转率、在制品周转率

3. 技术部

（1）成本指标：设计损失率

（2）质量指标：设计错误再发生率、项目及时完成率、第一次设计完成到投产前修改次数

（3）竞争指标：在竞争对手前推出新产品的数量、在竞争对手前推出新产品的销量

4. 采购部

(1) 成本指标：采购价格数、原材料库存周转率

(2) 质量指标：采购达成率、供应商交货一次合格率

5. 人力资源部

经营安全指标：员工自然流动率、人员需求达成率、培训计划完成率、培训覆盖率

(六) 职类、职种的 KPI

1. 管理服务类

(1) 预算费用控制、支持审核失误率、资金调度达成率(财务)

(2) 员工自然流失率、人员需求达成率、培训计划达成率、核心人才流失率(人力资源开发)

2. 市场类

(1) 市场占有率、品牌认知度、投诉处理率、客户档案完整率(营销支持)

(2) 销售目标达成率、销售增长率、销售费用投入产出比、货款回收及时完成率(营销)

(3) 采购任务达成率、采购价格指数、供应商一次交货合格率(采购)

3. 技术类

(1) 设计及时完成率、技术服务满意度、生产设备技术故障停台时数(工艺技术)

(2) 设计损失率、第一次设计完成到投产修改次数、单项目及时完成率(研发)

任务四

绩效考核指标的标准和权重

请对人力资源管理教师绩效考核指标体系设计考核标准及权重。

一、实例参考

> **某公司绩效指标权重设计**
>
> 某公司在最初成立的时候,公司规模较小,人员较为精简,多数为业务人员,包括设计、动画、机械工程等,仅配备必备的个别管理人员负责全部行政管理实务。因此,为了在创业初期尽快打开市场,扩大业务领域,提高业务量,公司在绩效考核的过程中明显倾向于业务考核,其管理导向为全力力保业务的持续开展与交付。
>
> 在创业初期,这种粗放型的考核方式能够快速的调动业务人员,并把全部精力置于业务工作的完成上。但是随着公司业务逐步走上正轨,员工规模逐渐扩大,这种单一导向性的考核方式显然并不再适用于规范管理,因此公司领导开始考虑进一步完善考核指标,以更进一步体现考核的科学性和操作性,体现正确的价值导向。基于此,公司管理层对绩效指标进一步充实、完善,形成涵盖

范围更为全面的指标体系,由原来的仅有的业务指标扩展到包括业务类指标、管理类指标、财务类指标、客户服务类指标及内部学习与成长类指标并存的指标体系。

在此基础上,公司调整了考核方案,以上述各项指标对所有人员进行考核,各项指标得分平均后便是最终考核结果。经过一段时间的实施,公司领导发现员工开始逐渐意识到除了尽力冲业务以外,其他管理方面、财务控制方面以及客户售后服务方面等也同等重要,也是工作中需要重点关注的事项,因此新的考核指标体系在一定程度上起到了积极的作用。但是,随着新方案的实施,一个更重要的问题逐渐凸显,那就是平均计分的考核指标让不同类别的员工感到不甚公平。行政管理类员工的工作绝大多数都是服务支持类的,与业务联系较为不紧密,其他客服指标、财务指标等均涉及较少,而管理类指标又多数为定性指标,难以量化,因此考核结果也时常不理想;而业务一线人员则认为平均分配的指标冲淡了他们的工作重点和主要目标,在工作过程中容易左顾右盼,丧失最初的冲劲。总体来讲。员工们认为,对不同类别的指标确定相应的重要程度,甚至是针对不同类别员工设定不同的指标权重尤为重要。

公司领导也在实践中逐渐意识到设定指标权重对于考核实施的重要性,经讨论决定尽快对绩效考核指标体系进行进一步改革,分别针对管理人员和业务人员重新构建指标体系并赋予合理的权重。

二、背景知识

(一) 绩效指标权重

绩效指标是绩效考核的基本内容,明确了被考核者的工作目标和工作任务,但考核指标众多,其重要程度势必不同,如若简单地平均处理，必将失去考核的公平性，因此，针对各项指标的重要程度确定恰当的权重就非常重要。

所谓绩效指标的权重，就是各项绩效指标在评估体系中的重要性反映，或各项绩效指标在绩效考核标准中所占的比重。指标权重越大，说明对整个组织或员工的意义也就越大。绩效指标权重有比例法和分值法两种表现形式。两种表现形式的本质是一样的，可以互相转化。

制定绩效指标权重能够有效地提高绩效指标的准确性，同时也让被考核者明确了解工作重点和绩效改进重点。

(二) 绩效指标权重确定的作用

(1) 绩效考评指标权重体系反映了环境的影响和组织的战略要求，对考评对象的行为产生强化性的激励。绩效考评指标体系中的指标一般涵盖了被考评对象的所有方面，是对被评价者的多维度分解。通过对各指标设定不同的权重，可以激励、引导企业文化所倡导的行为或特征。

(2) 与绩效考评指标体系相对应的权重体系的准确与否直接决定了绩效考评的信度和效度，也即考核的一致性和稳定性。如果一个权重体系是科学合理的，不仅反映了组织文化的要求，同时也考虑了员工的实际状态，它在实施过程中必然是稳定的，能为大多数员工所接受，也能准确反映考评对象的实际绩效成果。

(3) 绩效考核指标权重体系对薪酬确定、调任、升迁和培训具有基础作用。绩效考评作为人力资源管理系统的一个职能，它和其他职能是紧密结合在一起的。考评结果为薪酬、培训和员工职业生涯规划提供直接的参考依据。应该认识到考评服务的对象不同，其权重的设定也不同。

(三) 绩效指标权重确定的依据和原则

1. 绩效指标权重确定的依据

权重既然代表了某一项考核指标在整体指标体系中的重要性，因此，确定权重的主要依据就是指标的重要程度。判断指标重要程度主要考虑的因素包括以下几个。

（1）决定指标重要性的因素。绩效考核的目的、内容、对象等都是基于企业战略、工作流程和工作岗位特征制定的，所以，绩效指标的重要性从根本上说是由企业战略、价值观、工作流程、关键工作环节等因素决定的。

（2）影响绩效指标重要性的因素。绩效指标对不同的考核对象有不同的地位和作用。因此，要根据不同的考核主体、不同的考核目的、不同的考核对象、不同的考试时期和不同的考核角度以及各绩效指标对考核对象绩效的不同反映程度等因素，准确地判断绩效指标的重要程度。

2. 绩效指标权重确定的原则

（1）针对性原则。考评对象的特征决定了某个评价指标对该对象整体工作的影响程度，不同的岗位及不同考评维度的权重应该是不一样的。例如，责任感是一个评价员工工作态度时常用的指标，但对不同种类的员工来说，责任感这一评价指标的重要程度就不相同。对一名保安人员来说，责任感可能是其工作态度甚至是整个评价指标体系中最重大的指标，而对其他类型的员工来说，责任感的权重可能就不是最重的。

（2）系统优化原则。在评估指标体系中，每个指标对体系都有它的作用和影响，每个指标虽然是独立地描述被评对象的某一方面，但从系统的角度来看，指标权重之间却存在相关性。例如，一名工人的绩效除了产量指标的完成情况外，还有质量、原材料消耗、能耗、出勤等指标。当某一个指标权重变动时，其他指标势必也跟着变动，因为所有指标权重之和等于1。所以，在确定指标权重时，不能只从单个指标出发，而是要处理好各评估指标之间的关系，合理分配它们的权重。应当遵循系统优化原则，把整体最优化作为出发点和追求的目标。在这个原则指导下,对评估指标体系中各项评估指标进行分析对比,权衡它们各自对整体的作用和效果,然后对它们的相对重要性做出判断。确定各自的权重,既不能平均分配,又不能片面强调某些指标或单个指标的最优化而忽略其他方面的发展。在实际工作中,应该使每个指标发挥其应有的作用。

(3)目标导向原则。评估指标权重的设计应反映评估者和组织对组织成员工作的引导意图和价值观念,应成为组织影响成员观念、行动的重要手段之一。它通过加重某一指标的权重彰显其重要性,成员在工作中必然给予此项指标以相应的重视程度来获得较好的考评成绩。

在具体的权重规定时,引导意图并不需要明确到每个绩效评价指标上,通常的做法是将评价指标分为业绩评价指标、能力评价指标和态度评价指标这三大类,然后根据不同的评价目的规定这三个评价维度分别占多大的比重。

三、基本技能

绩效指标权重的确定方法很多,总体上可以分为主观判断法和定量分析法两大类。主观判断法主要是由专家根据自己的经验以及专业知识作出主观判断,从而确定指标权重;定量分析法是通过各种定量的方法将指标的相对重要程度量化为具体的权重值。

(一)主观判断法

1. 经验法

经验法是依靠历史统计数据和专家主观判断来进行权重分配,即决策者根据自己的经验形成对各项考核指标重要程度的认识,或者从管理意图出发,对各项绩效指标的权重进行分配,也可以是集体讨论的结果。

经验法需要企业具有比较完整的考核记录和相应的考核结果,其优点在于决策操作简单、效率高、成本低、易为人接受,适合专家治理型企业;但缺点在于获得的数据信度和效度不高,有一定的片面性,对决策者的能力和经验提出了较高要求。

2. 德尔菲法

德尔菲法也称专家调查法,是 20 世纪 60 年代初美国兰德公司提出的一种定性预测方法,其目的在于避免集体讨论可能存在屈从权威或盲从多数的缺陷。德尔菲法作为一种主观、定性的方法,可以广泛用于各种评价指标体系的建立和具体指标的决策过程。德尔菲法在绩效指标权重确定中的具体实施如下:

(1) 组成专家小组。按照所需确定权重的相关范围确定专家。专家人数的多少可根据相关范围的大小和涉及面的宽窄而定,一般不超过 20 人。专家小组的人员组成应包括绩效考核专业人员、绩效指标所涉及各方的资深员工和管理人员。

(2) 向所有专家介绍各绩效指标的含义以及企业战略目标、部门职责和工作重点。各专家根据自己的经验和所收集的材料,各自提出指标权重分配意见并说明理由。

(3) 将各位专家第一次意见汇总后,列成图表,进行对比,分发给各位专家,让其比较自己同他人的不同意见,调整自己的意见和判断。也可以把各位专家的意见加以整理,或请身份更高的其他专家加以评论,然后把这些意见再分送给各位专家,以便他们参考后修改自己的意见。

(4) 将所有专家的修改意见收集起来并汇总,再次分发给各位专家,以便做第二次修改。逐轮收集意见并为专家反馈信息是德尔菲法的主要环节。收集意见和信息反馈一般要经过三、四轮,在向专家进行反馈的时候,只给出各种意见,但并不说明发表各种意见的专家的具体姓名。这一过程重复进行,直到每一个专家不再改变自己的意见为止。这时各位专家的意见也趋向于一致,最终保证了征询结果的存在性。

德尔菲法的优点是能充分发挥各位专家的作用,集思广益,取长补短。不足之处在于需要大量人力和时间投入;并且对专家的要求较为严格,既要了解企业的管理实际,又有相应的绩效考核知识。

(二) 定量分析法

1. 对偶加权法

对偶加权法又叫成对比较法或"012"比较法,是将各绩效指标两两比较,然后将比较结果汇总得出权重。利用对偶加权法计算绩效指标权重的具体步骤为:

(1) 列入绩效指标对偶比较表,指标两两比较。将某考核对象的所有绩效指标列入对偶比较表中,将绩效指标进行两两比较,若行中指标重要性大于列中指标重要性,则得2分;若行中指标的重要性小于列中指标的重要性,则得0分;若两者重要程度相当,则得1分。

(2) 汇总各指标得分,计算权重。将各绩效指标的得分进行加总得到各指标得分,将各指标得分除以总分便求得各指标权重。

表 4 - 1 绩效指标成对比较法

指　　标	指标1	指标2	指标3	指标4	合计	权重
指标1	1	2	2	1	6	6/16
指标2	0	1	2	0	3	3/16
指标3	0	0	1	2	3	3/16
指标4	1	2	0	1	4	4/16

成对比较法实施较为简单,便于操作、易于理解;但由于只能进行等额加权,无法区别两个考核指标之间重要性的具体差异,并且当指标数量较多时,运用成对比较法也较为耗时。

2. 倍数加权法

倍数加权法就是选择重要性最低的绩效指标作为比较基准,赋值为1;然后将其他绩效指标与其进行重要性比较,得出重要性倍数,将各项指标倍数除以合计倍数,计算得出各项指标权重。

以指标C为基准,赋值为1为例,如表4-2所示。

表 4-2 倍数加权比较法

指 标	与 C 的倍数关系	权 重
A	2	2/15
B	2	2/15
C	1	1/15
D	3	3/15
E	5	5/15
F	2	2/15
合 计	15	

与对偶加权法相比,倍数加权法可有效区分各考核指标之间的重要程度。在实际运用中,可以选择具有代表性的考核指标为比较基准,不一定是重要性最低的绩效指标。

3. 权值因子判断表法

权值因子判断表法与对偶加权法原理相似,只是绩效指标比较赋分的分值更多,在实际中的运用如下:

(1) 组建专家小组。小组成员应包括人力资源专家、绩效指标所涉及的相关各方代表等,具体应根据管理需要确定。

(2) 制定权值因子判断表,小组成员将绩效指标进行两两比较,分别填写权值因子判断表(见表 4-3)。绩效指标比较可采用"四分值"赋分法,赋分标准如表 4-4 所示。

表 4-3 权值因子判断表

指标	A	B	C	D	E	F	分值
A	—	4	4	3	3	2	16
B	0	—	3	2	4	3	12
C	0	1	—	1	2	2	6
D	1	2	3	—	3	3	12
E	1	0	2	1	—	2	6
F	2	1	2	1	2	—	8

表 4-4 绩效指标对比赋分表

赋分标准	非常重要	比较重要	同样重要	不太重要	很不重要
赋分值	4	3	2	1	0

（3）对各位成员所填的权值因子判断表进行汇总、统计，将统计结果折算为权重。为使用方便，指标权重可进行微调和取整处理。指标权重=指标得分/各指标得分加总。得出的权值因子统计表如表 4-5 所示。

表 4-5 权值因子统计表

指标	评 分 人								得分总计	平均得分	权重	调整权指
	1	2	3	4	5	6	7	8				
A	15	14	16	14	16	16	15	16	122	15.25	0.254 17	0.25
B	16	8	10	12	12	12	11	8	89	11.125	0.185 42	0.2
C	8	6	5	5	7	9	8	6	54	6.75	0.1125	0.1
D	8	10	10	12	12	11	12	8	83	10.375	0.172 92	0.2
E	5	6	7	7	6	5	5	8	49	6.125	0.102 08	0.1
F	8	16	12	10	8	9	8	12	83	10.375	0.172 92	0.15
合计	60	60	60	60	60	60	60	60	480	60	1	1

权值因子判断表法在实际应用时，有一种简化形式——ABC 分类权重法。ABC 分类权重法的原理是"关键的少数和次要的多数"，即少数考核要素占据最重要的位置。它的步骤是：首先排队，将全部绩效指标分为 A、B、C 三类，其中，A 类占 10%左右，B 类占 20%左右，C 类占 70%左右；其次加权，如赋予 A 类指标 3 的权重，B 类指标 2 的权重，C 类指标 1 的权重；最后计算各指标的权重系数。

需要注意的是，权值因子判断表法仍是评价者凭主观对比打分，为避免因其不一定了解所有绩效指标而出现评判标准不一，实际中可以成立评估小组进行评价比较；或者通过给每位评价者赋以评价权重，防止不同人对岗位和指标的认识不同而出现打分不同。

4. 各种权重确定方法比较

无论主观判断法还是定量分析法,其本质都是以主观判断为基础,只是定量分析法引入了指标重要性比较判断标准,并将指标的重要性转化为量化数据,进而借助统计学的工具确定指标权重。

各种权重确定方法并无绝对优劣之分,在实际管理中,应根据各种方法的特点和实际情况选择(见表 4-6)。

表 4-6 绩效指标权重确定方法比较分析

方法	成本	精确性	操作性	公开性	适用范围
经验法	低	低	强	弱	员工绩效指标权重确定
德尔菲法	高	较低	一般	强	企业、部门绩效指标权重确定
对偶加权法	一般	一般	一般	较强	部门、员工绩效指标权重确定
倍数加权法	一般	较高	一般	较强	部门绩效指标权重确定
权值因子判断表法	一般	较高	较弱	较强	企业、部门绩效指标权重确定

四、核心技能

对考核指标体系设计权重、进行赋分并达到可操作的目的。参考如下表格。

(一)某公司研发人员考核表

序号	考核指标	权重	内容界定	评分标准				数据来源/考核部门	得分
1	工艺文件制作的准确性	15%	工艺文件制作的出错次数	15分 0次	10分 2次	5分 5次	0分 6次以上	/PIE组长	
2	工艺文件制作的及时性	15%	以试产为基准	15分 试产前已完成	10分 试产前已完成但有缺陷	5分 试产前未完成	0分 未制作	/PIE组长	

(续表)

序号	考核指标	权重	内容界定	评分标准				数据来源/考核部门	得分
3	部门协作满意度	15%	协作部门投诉次数	15分	10分	5分	0分	/PIE组长	
				无	1次	2次	3次		
4	生产异常解决的及时性	20%	依据异常的复杂性以及对生产进度的整体影响定性判定	20分	15分	10分	0分	/生产部主管	
				非常及时	比较及时	一般	不能解决		
5	生产线效率提升率	20%	(改善后人均产能－改善前人均产能)/改善前人均产能×100%	20分	15分	10分	0分	生产工艺改进次数/生产部主管	
				10%以上	5%～10%	1%～4%	0%		
6	完成上司布置任务	15%	按要求完成的任务数/上级安排的任务总数×100%	15分	10分	5分	0分	/PIE组长	
				完成率100%	完成率≥98%	完成率≥96%	完成率<96%		

(二) 某公司管理人员日常工作考核表

序号	项目	权重	考核内容	分值	评分		备注
					自评	上级评定	
1	部门与团队建设	10%	能够科学地设置工作岗位,合理地分配工作任务,部门人员有团结协作精神。	6 7 8 9 10			
2	目标与计划制定	15%	根据公司战略和上级领导指示,制定部门计划和目标,合理安排优先顺序和工作时间;为部属制定切实可行的、可衡量的和有期限的工作目标。	6 7 8 9 10			

(续表)

序号	项目	权重	考核内容	分值	评分 自评	评分 上级评定	备注
3	领导与激励	10%	能够激发部属工作热情，引导部属向既定目标发展，知人善任，赏罚分明，有威信。	6 7 8 9 10			
4	决策及问题解决	15%	根据重要性、紧急性、收益性和可操作性进行决策；并能有效地组织实施，能够建立问题预防机制和措施，及时果断地处理突发事件。	6 7 8 9 10			
5	沟通技巧	5%	能够对公司内部、部门和上下级之间的口头和书面意见进行简洁、清晰、有效、完整和条理地传输与表达。	6 7 8 9 10			
6	绩效考核	10%	能够及时记录部属的工作表现，按公司考绩程序客观公正地进行考绩工作、考绩面谈和季度发展计划，得到部属的认可。	6 7 8 9 10			
7	培养部属	10%	能够为部属提供职业发展规划建议和支持，为部属制定年度辅导计划，经常给部属进行业务指导，部属工作能力提升明显。	6 7 8 9 10			
8	组织协调	15%	能够果断地组织和指挥他人处理突发事件，科学地进行工作部署，积极有效地处理好部门内部、部门之间的工作关系，合理地分配组织资源。	6 7 8 9 10			
9	变革意识与学习能力	5%	能够对公司的研发设计、市场营销、业务流程、管理流程、工作流程、工作品质和企业文化建设等工作方面进行改进、变革和创新，并带来成效。	6 7 8 9 10			

(续表)

序号	项目	权重	考核内容	分值	评分 自评	评分 上级评定	备注
10	以身作则	5%	严格遵守和执行公司的规章制度,维护公司利益,带头执行公司和上级领导的决定。	6 7 8 9 10			

(三) 某公司一般员工月度考核表

被考核人:_____ 岗位名称:_____ 考核周期:_____

考核项目	考核指标	员工自评(满分100)	上级评分(满分100)	理由说明(100~90或60分以下)
工作业绩 (70%)	目标达成率(30%)			
	工作完成质量(20%)			
	工作完成及时率(20%)			
工作态度 (30%)	主动、积极性(10%)			
	责任心(20%)			
员工评分合计		上级评分合计		
最终得分				
奖金系数	=(员工评分合计×30%)+(上级评分合计×70%)			
绩效面谈				

直接主管签名:_____ 被考核者签名:_____ 日期:_____

人力资源中心审核意见		上级主管核定意见	

五、操作过程

针对任务三中所提炼的小组关键绩效指标体系和任课教师关键绩效指标体系,进一步确定指标权重。

(1) 先运用主观判断法对各项指标的重要程度进行排序;

(2) 尽可能在排序的基础上给出指标的权重;

(3) 运用对偶比较法对指标进行两两比较,得出权重,并与主观判断的权重进行对比。

六、实例展示

某电力通信公司部门考核指标体系设计

网络部职能

1. 参与中心战略规划的制定,为中心战略规划的制定与修订提供相关资料;

2. 参与中心企业文化建设;

3. 负责本部门质量管理体系的运行与管理;

4. 制订电力通信交换、数据网络方面的规章制度、规程、条例,经批准后,负责组织实施;

5. 负责电力通信网交换、数据网络专业的安全运行;

6. 负责系统调度交换网、行政交换网的技术和运行管理;

7. 负责电视电话会议和电话会议系统的安全运行;

8. 负责综合语音系统设备的安全运行和管理;

9. 负责调度录音系统的运行与管理;

10. 负责因特网接入、MIS 系统等设备的安全运行管理;

11. 负责省公司和所辖宿舍电话安装与管理;

12. 负责省公司用户线路架设与安装的管理;

13. 负责组织新建交换、数据网络设备投运前的验收工作;

14. 负责省公司端配线系统的管理;

15. 负责固定电话和移动电话话费的具体承办工作;

16. 负责省公司行政交换网与省、市电信部门的对口管理及相关业务工作;

17. 参与全省电力通信网主干设备的大修、技改、重措项目的审查;

18. 参与全省电力通信网内设备、电路的大修、技改、重措项目的审批;

19. 参与全省电网主网通信发展规划的编制和审定,参与各分公司通信发展规划的审核;

20. 参与全省电网通信设备入网资格的审查和通信设备的招标工作;

21. 参与有关通信工程(包括新建、改建、扩建中的通信专项)的科研、设计审查和新建电路的试运行及竣工验收工作;

22. 完成领导交办的其他任务。

关键业绩指标

序号	指标名称	记分规定	权重
1	网络运行安全性	按《网络运行安全规定》执行,满分为 100 分	30%

序号	指标名称	记分规定	权重
2	行政交换运行率	达到 99.99%,记 100 分 达到 99.95%,记 60 分	15%
3	调度交换运行率	达到 99.99%,记 100 分 达到 99.95%,记 60 分	15%
4	电话会议开通率	按 A、B、C、D 标准记分	10%
5	调度录音的正常运行	一次不正常,记 0 分	20%
6	部门费用预算执行	预算内,记 10 分,预算超出,记 0 分	10%
合计			100%

任务五

绩效考核方法的选择

设计人力资源管理专业教师360度考核表。

一、实例参考

G是某企业生产部门的主管,今天她终于完成了对下属人员的绩效考评,并准备将评价结果交给人力资源部。该绩效评价表格标明了每位员工的工作数量、质量和合作态度等。表中的每一个特征都分优秀、良好、一般、及格和不及格五等。表中还显示所有员工都完成了本职工作。除了S和L两名新员工外,其他员工还完成了G交给他们的额外工作,因此,G给其他员工的工作量都打了"优秀"。由于X曾对G做出的一个决策表示过异议,因此,在合作态度一项,X被评为"一般",但考虑到意见分歧只是工作方式方面的问题,所以G没有在表格的评价栏上进一步说明。另外,针对D家庭比较困难,G有意识地提高了对他的评价,想通过这种方式让D多拿绩效工资,将上级对下级的帮助落到实处。此外,C的工作质量不好,刚及格,但为了避免双方难堪,G把对C的评价提到了"一般",这样,所有员工的评价分布于"优秀"、"良好"、"一般"。G 觉得这样做可以使员工不至于因发现自己绩效考评低而产生不满情绪。同时,上级考评自己时,自己下级的工作做得好,对自己的绩效考评也有利。

资料来源:杨明娜,《绩效管理实务》,中国人民大学出版社,2008 年,第 94～95 页。

二、背景知识

绩效考核方法是对员工在工作过程中表现出来的工作业绩、工作能力、工作态度及个人品德等方面进行评价,并依此来判断员工与岗位的要求是否相称。一套好的绩效考核方法可以提高考核结果的准确性,并提供许多有效的信息,为薪酬调整、培训开发和人员配置提供重要依据。

绩效考核方法的分类

绩效考核方法可以分为相对考核法和绝对考核法两大类,如图 5-1 所示。

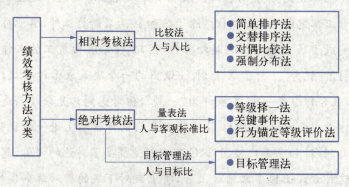

图 5-1 绩效考核方法分类

1. 相对考核法

(1) 简单排序法(Simple Ranking Method,SRM)也称排列法、排

队法、排名法,是一种相对比较的考核方法。主要是根据员工的整体工作表现从绩效最好的员工到绩效最差的员工进行排序。

具体做法如下:选出最好的一个排在第一名,找出次优的排第二名,如此等等,直到将所有的员工排完为止。对难以区分出优劣好差的,可以并列排入。如表5-1所示。

表5-1 简单排序法样表

部门:×××公司销售部	
员工人数:8人	
排序得分说明:1为最好,8为最差	
方法:将绩效最好的员工姓名列在第1行的位置上,次优的员工姓名列在第2行的位置上。	
等 级 排 序	姓 名
1(等级最高的员工)	
2	
3	
4	
5	
6	
7	
8(等级最低的员工)	

那么,员工的整体表现根据什么指标来进行排序呢?关键是选择一个衡量因素。比如,考核销售人员的绩效,可以选取销售利润这一指标进行排序。正是由于每一次排序只能选取一个最基本的衡量因素,所以排序法存在片面和太简单化的弊端。比如,考核销售员,只考虑销售利润来排序,而放弃了开发新客户,或者忽视了团队建设,采用一切手段争夺贡献率高的老客户,可能会对企业的长远发展产生不利影响。

此外,该法对具有明确评判标准的指标排序比较适用。

(2) 交替排序法(Alternative Ranking Method,ARM)也称选择排序法,是简单排序法的进一步推广。交替排序法利用人们"容易发现极端、不容易发现中间"的心理,它不仅用于上级评价,还可以扩展到自我评价、同级评价和下级评价中。

具体做法如下:第一步,在所有的员工中首先挑选出最好的,然后找出最差的;第二步,找出次优的,然后找出次差者。依此类推,直至将被考核者全部排完为止。如表5-2所示。

表5-2 交替排序法样表

部门:_____ 员工人数:___8人___
评价所依据的要素:_____ 根据评价要素,将工作绩效最高的员工姓名列在第1行的位置,工作绩效最低的员工列在第8行的位置;再将工作绩效次好的员工姓名列在第2行,将工作绩效次差的员工姓名列在第7行;依此类推,直到8名员工姓名都列出。
评价最优员工: 1._____   2._____   3._____   4._____   5._____   6._____   7._____   8._____   评价最差员工

(3) 对偶比较法(Paired Comparison Method,PCM)也称成对比较法,即按照评价要素,将每位被考核者与所有其他考核者逐一进行比较。具体做法如下:首先列出如表5-3所示的一张表格,要求标明所有被考核者的姓名及需要评价的工作要素,依据某一类工作要素进行配对比较,记录每一次比较中的优胜者(用√、+或1表示);然后统计每一个被考核者"胜出"的次数,根据"胜出次数"多少对被考核者的等级进行排列。

表 5-3　员工绩效成对比较表

员 工	A	B	C	D	获胜次数
A		√	√	√	3
B	—		√	√	2
C	—	—		—	0
D	—	—	√		1

注：表中"√"表示横行的人优于纵列的人，获胜次数越多的人绩效等级越高。

（4）强制分布法（Forced Distribution Method，FDM）也称强迫分配法、硬性分布法。即按照集中分布（通常是正态分布），对评价结果或考核者进行合并归类或归档。

强制分布法有两种形式。一种是直方图分布表示，即按直方图的形式按照归类归档要求将结果表示出来，如图 5-2 所示；另一种是百分比强制分布法，即用百分数的形式规定某评价档次人数占总人数的比率，如表 5-4 所示。

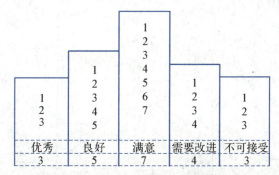

注：阿拉伯数字表示强制规定的人数，即事先规定优秀3人、良好5人、满意7人等。

图 5-2　直方图强制分布法

表 5-4　百分比强制分布法

等　级	比　例
优　秀	10%
良　好	20%

(续表)

等　级	比　例
满　意	40%
需要改进	20%
不可接受	10%

强制分布的比例规定只是一个对总体比例的控制,具体到各部门可以有一定的上下浮动。例如,有的部门可能只有几个人,很难严格按照比例分布进行评定。强制分布法的一个显著优点是等级清晰、区别明显,避免了宽厚性误差(不能给每个员工都评优秀);其缺点是判定绩效的评分标准模糊,不能说明员工需要做什么,主观性较大。

GE公司的杰克·韦尔奇凭借该规律,绘制出了著名的"活力曲线"。即按照业绩和潜力,将员工分为A、B、C三类,分别占20%、70%和10%(见图5-3)。

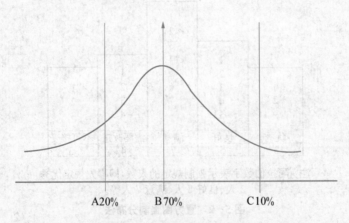

图5-3　GE公司的活力曲线

其中,A类员工(20%)激情满怀、勇于任事、思想开阔、富有远见;他们不仅自身充满活力,而且有能力带动自己周围的人;他们能提高企业的生产效率,同时还使企业经营充满情趣。韦尔奇将他们称作具有

"4E领导力"的人即有旺盛的精力(energy)、能够激发(energize)别人实现共同目标、具有对是非问题做出准确判断和果敢处理的决断力(edge)以及坚持不懈地有效实现承诺的执行力(execute)。4个E是由1个P(passion,激情)激发出来的。这种"激情"是比任何其他因素都更为重要、最难能可贵的成功因素,也正是这个要素将A类员工和B类员工区别开来。对A类员工,要"奖励、奖励、再奖励",提高工资、股票期权以及职务晋升。

B类员工(70%)是公司的主体,他们的进步和提升是业务经营管理成败的关键,领导人的一项重要工作就是提醒他们每天思考一下自己为什么没有成为A类员工,并激励和帮助他们进入A类。对B类员工,要根据具体情况确认其贡献,并提高工资。

C类员工(10%)是那些不能胜任自己工作的人,他们往往打击别人,不能实现工作承诺,往往还要浪费管理者很多时间和精力来安抚他们,让一个人待在一个他不能成长和进步的环境里才是真正的野蛮行径或"假慈悲"。因此,对C类员工,不仅不要奖励,还要从企业中将他们淘汰出去。

以上四种相对考核方法都是人与人比,其优点是谁好谁差简单明了,对薪酬、职位调整具有决定作用;缺点是只能就某一衡量因素进行比较,具有片面性,而且在很大程度上取决于考核人对被考核人的看法,主观性比较大,这就需要考核人有能力做出客观公正的评价,使被考核人信服。

2. 绝对考核法

(1) 等级择一法(Rank Alternative Method, RAM)就是用有等级含义的短语来表示评价尺度,采用一些有等级含义的短语来表示各等级的内涵,然后由考评者根据被考评者的实际状况决定被考评者属于某一个等级。如表5-5所示。

表 5-5　等级择一法量表

被考核者		所属部门		考核者		考核日期		
考核指标	权重(%)	优秀	良好	满意	需要改进	不可接受	得分	
工作数量	15							
评　语								
工作质量	15							
评　语								
专业知识水平	10							
评　语								
合作精神	20							
评　语								
可靠性	15							
评　语								
创造性	15							
评　语								
工作纪律	10							
评　语								
总得分								

等级择一法使用方便而且开发成本小，没有烦琐的计算和深奥的专业考核尺度，一般人员都能快速掌握，是一种常用的考评方法。

等级择一法的缺点是：采用较为抽象的评价尺度，对员工工作行为的指导性较差；难以为绩效反馈提供具体的、易于接受的信息；对落实公司总体目标难以起到较大的作用。

(2) 关键事件法(Critical Incident Method, CIM)也称重要事件法。关键事件是指那些会对部门整体工作绩效产生积极或消极的重大影响的事件。关键事件一般分为有效行为和无效行为。关键事件法要求评价者平时通过观察，及时记录下员工的各种有效行为和无效行为。

应该注意的是,关键事件是指与被评价者的关键绩效指标有关的事件。因此,关键事件法重点强调观察、书面记录员工所做的有关工作成败的关键事实。

> 例如,对客户经理进行评价,客户经理的一项关键绩效指标是获得客户的满意。针对这项关键绩效指标,他的主管人员记录下这样两类关键事件:
>
> (1)好的关键事件:某客户经理耐心地倾听客户的抱怨,回答客户的问题,认真地检查客户返回的产品,有礼貌地向客户做出解释和道歉,并立即给客户签署了退货单。
>
> (2)坏的关键事件:在业务最繁忙的季节里,该客户经理在休息时间过后迟到了30分钟才到办公室。他错过了4个来自客户的电话,并且已经有两位客户焦急地等在会客室中,他们是按照约好的时间来访的。

关键事件法的核心作用是为绩效评价和绩效反馈提供充分的事实依据。通常情况下,关键事件法不会单独使用,往往与其他各类考核方法结合使用。

表5-6对关键事件法的优点和缺点进行了归纳总结。

表5-6 关键事件法优点和缺点对比表

优 点	缺 点
1. 为考核者提供了客观的事实依据。 2. 具有较大的时间跨度,可以贯穿考评期的始终,是员工整个考核期内的表现,不是短期表现。 3. 考核的内容是下属特定的行为。 4. 与年度、季度考核计划结合在一起,可以有效地弥补其他方法的不足,为其他考核方法提供依据和参考。	1. 关键事件的观察和记录费时、费力。 2. 无法在员工之间进行横向比较,无法为员工的奖金分配提供依据。 3. 容易造成上级对下级的过分监视,造成关系紧张。

（3）行为锚定等级评价法（Behaviorally Anchored Rating Scale，BARS）也称行为定位法、行为定性等级量表法或行为定位等级法。它是基于关键事件的一种等级量化的评价方法，是关键事件法的进一步拓展和应用。行为锚定等级评价法将关键事件和等级评价有机地结合在一起，对每个等级运用关键事件进行行为描述，通过一张行为等级评价表，可以发现在同一个绩效纬度中存在一系列的行为，每种行为表示这一维度中的一种特定绩效水平，将绩效按等级量化。因此，它结合了关键事件法和等级评定法两者的优点。表5-7和表5-8分别是对教师课堂教学技巧和销售部经理管理能力进行评价的行为锚定量表。

表5-7 教师课堂教学技巧考核表

评价要素：课堂教学技巧	
定义：课堂教学技巧主要是指教师在课堂上有效地向学生传授教学内容的技巧	
等级	描述
9	使用多样化的教学方法，提高学生的自我学习能力。例如，有些内容采取让学生来讲解、教师点评的方法。
8	鼓励学生提出不同的意见，引导学生进行创造性的思考。
7	能将具有关联性的问题前后联系起来讲解，使学生形成完整的知识体系。
6	讲解某些问题时，使用恰当的例子。
5	讲解问题时重点突出。
4	使用清楚、容易理解的语言讲课。
3	对稍有难度的问题讲不清楚，并且对学生的不同意见不接纳。
2	讲课乏味、枯燥，照本宣科。
1	经常讲错一些重要概念。

表 5-8 销售部经理管理绩效考核表

评价要素：销售部经理管理能力	
定义：销售部经理对销售人员的管理能力及成效	
等级	描述
9	能全权领导一个全天办公的电器销售营业部，并能把其中两名新工作人员培养成本部门的优秀人员。
8	充分信任销售人员，并把很多重要工作交给他们，使他们具有很强的责任心。
7	能够胜任培训销售人员的工作任务，满足每期的培训计划和培训大纲的要求。
6	能够听取销售人员所提出的意见和合理化建议。
5	能够及时提醒销售人员热情接待客户和用户，认真遵守劳动纪律，在店面不交头接耳和闲谈。
4	根据销售部的实际情况，能够制定并修订本部门严格的规章制度（在可能引起不满的情况下）。
3	不论下属个人情况如何，都要求下属坚守岗位，甚至在其有身体不适或有私事要做的时候。
2	能够收回对某人某事的承诺，如对下属事先曾被告知如果其对现在工作岗位不满意，可以调回原岗位的承诺。
1	能够在可能违背公司薪酬制度的情况下，根据本部门销售的情况确定员工的薪资水平。

建立一个行为锚定式的评定量表的步骤是：

第一，选定绩效评价要素。选取需要评价的要素，并对其内容进行界定。

第二，获取关键事件。通过对工作比较熟悉的人（任职者或任职者的主管）提供一些关键事件，包括工作做得好的关键事件和工作做得不好的关键事件。

第三，将关键事件分配到评定要素中去。

第四，由另外一组对工作同样了解的人对关键事件重新进行审定、分配和排序。将这一组与前面一组分配基本一致（如80%以上）的关键事件保留下来，作为最后使用的关键事件。

第五，评定关键事件，看看分配到各个要素的各个等级上的关键事件是否可以代表各自的要素和等级。

（4）目标管理考核法。目标管理（Management by Objective）是由美国管理专家彼得·德鲁克于1954年在《管理的实践》一书中提出的，根据德鲁克的观点，管理必须遵循的一个原则是每项工作都必须为达到总目标而展开。目标管理考核法的核心是由员工和主管共同协商制定个人目标，个人目标依据企业目标和部门目标确定，以制定的目标作为考核依据，从而使个人的努力目标与组织目标相一致。

目标管理法的应用步骤为：

第一，战略目标设定。考核期内的目标设定首先是由组织的最高层开始，由最高层制定总体的战略规划，明确总体的发展方向，提出企业中长期战略目标和年度目标。

第二，分解目标，逐级传递，制定被考核者的工作目标。制定目标时，指标不宜过多；目标应是可观察、可测量的；长期目标与短期目标共存；目标由管理者和员工共同参与制定；共同制定目标实现的步骤和时间框架。

第三，实施控制，必要时管理者和员工可根据业务或环境变化修改或调整目标。

第四，评价期间结束时，评价目标的完成情况。

第五，管理者和员工共同制定下一考核周期的工作目标和绩效目标。

三、基本技能

（一）各种绩效考核方法的比较

不同的绩效考核方法具有不同的特点，因而适合于不同的组织以及不同的评价对象。可以用优、良、可、勉强、差量表方式来比较各种绩效考核方法。如表 5-9 所示。

表 5-9 绩效考核方法优劣比较

序号	绩效考核方法	比较项目			
		成本最小化	改善绩效	配合薪酬分配	有效性
1	简单排序法	良	差	可	勉强
2	交替排序法	良	差	可	勉强
3	对偶比较法	良	差	可	勉强
4	强制分布法	良	差	可	勉强
5	等级择一法	良	差	可	差
6	关键事件法	差	优	差	优
7	行为锚定等级评价法	勉强	良	良	良
8	目标管理考核法	差	优	可	优

通过表 5-9,可以看到不同的考核方法分别有自己的优势和缺点:

- 从成本上来说,简单排序法、强制分布法、等级择一法都不错。
- 从改善绩效作用来说,目标管理法和关键事件法较为理想。
- 从配合报酬、作为奖励依据来说,行为锚定等级评价法较好。

……

从以上的几点说明可以看出,目标管理评价法在员工开发方面是最有效的评价方法之一。因此,注重员工开发目的的绩效管理系统往往都会在一定程度上采用目标管理的方法对员工的绩效进行管理。

但是,不是所有企业、所有公司的部门、岗位都适用于目标管理体系的绩效考核与管理。从表 5-9 中可以发现,不同的绩效考核方法各有利弊。虽然一些复杂的量表的开发成本较高,但对员工实际绩效的评估是相当有效的,甚至比目标管理法更有效,更节约成本。

因此，如何具体地针对不同的企业、不同的部门和岗位选择合适有效的考核方法是一个重要问题。公司在选择考核方法的时候，要注重一些衡量因素，找出最合适的评价方法。

(二) 影响绩效考核方法选择的因素

在很多绩效考核的方法当中，并不存在一种占绝对优势的考核方法，各种方法都有其优点和不足，各自的适应性也是有差异的，关键在于选择一种适合于自身特点的考核方法。在实际中，企业选择何种绩效考核方法或某种组合，必须考虑以下各种因素。

1. 绩效考核的目标

对企业来说，不同的发展阶段有不同的目标，企业的人力资源管理也随着企业在不同发展阶段的不同目标而有所侧重。因此，企业在不同发展时期对员工进行考核的目的也不尽相同。考核目标是侧重于管理还是侧重于员工的个人发展，根据考核目标选择适当的考核方法可以达到事半功倍的效果。绩效考核的目标非常重要，它是绩效考核方法选择的决定因素。例如，当绩效考核的目标是为了提供反馈信息以改进员工绩效时，比较法、排序法等强调员工之间比较的方法就不太适用，而关键事件法、行为锚定等级评价法则更为有效。

2. 绩效考核的费用

在选择绩效考核方法时，不得不考虑的一个要素就是成本与费用。很多方法，比如行为锚定等级评价法，在很多情况下都非常有效，但这些方法的实施与运用都需要耗费大量的人力、物力、财力。所以，当企业财力有限或仅是对普通岗位的一般工作人员进行绩效考核时，不宜选择过于复杂的方法。

3. 企业员工的知识层次

在一些企业中，由于知识型员工的不断增加，需要采用参与式管理并对员工进行更多的授权。他们比从事物质生产的员工更注重追求自主性、个性化、多样化和创新精神，更重视自己的尊严和自我实现的价值,对参与企业的各项管理工作有更高的积极性。因此,在进行绩效考核时,知识型员工的工作过程相对来说更难以直接监控,工作成果也难以直接衡量。不仅如此,知识型员工也更加关注个人的贡献与报酬之间的相关性。这就要求企业选择公正、客观的绩效考核方法。比起其他的考核方法,行为锚定等级评价法在具体的实施过程中,对员工参与的积极性要求比较高,而且考核的结果也最为客观和公正。

4. 被考核者的类型

被考核对象的类型也影响考核方法的选择,不同的绩效考核方法对不同类别的员工有着不同的效果。例如,关键事件法更适合于管理人员的绩效考核,而比较法则更多地用于非管理人员的绩效考核。

5. 工作性质

被考核者的工作性质与不同评分表格的恰当性有重要关系。例如,行为锚定等级评价法要求考核者评定被考核者的工作行为,但对某些工作来说,考核者无法观察到员工的工作行为,例如,学校校长不能准确评定教师的课堂行为(除非他也去听课)。当没有这些机会时,考核者只能借助二手材料,如学生考核。

总之,企业对绩效考核方法的选择是关系整个企业绩效管理是否有效的重要环节。在竞争日益激烈的今天,企业必须选择有效的绩效考核方法,把员工的个人目标和企业的经营目标完善统一起来,真正实现多角度、准确、客观的考核,并以此来调动和激发员工更大的工作热情。

(三) 如何选择恰当的绩效考核方法

不同的工作职能和工作特征决定了该工作适合于选取什么样的方法进行考评。专家认为选取恰当的考核方法,可以从三个方面进行考虑,即工作的程序化程度、工作的独立性程度和工作环境的变化程度。如表 5-10 所示。

表 5-10 绩效考核方法三要素

要素名称	要素内容	举 例	适用方法
工作的程序化程度	员工在工作的时候，需要按照某种程序化的规范要求去做的工作内容占全部工作内容的比例	程序化高的部门：安装车间、呼叫中心 岗位或工种：流水线上的操作工、超市收银员	程序化高的：适合使用以工作标准为评价尺度的各类量表 程序化低的：考虑使用目标管理法或非结构化的比较法、鉴定法
工作的独立性程度	员工在工作中进行独立决策权限的大小	独立性高的部门：业务部、研发部 岗位或工种：销售主管、创意总监	独立性强的：适合使用非结构化的比较法 独立性低的：适合使用目标管理法和量表法
工作环境的变化程度	工作环境变化较大，管理者难以直接监控	工作环境变化大的部门：采购部、营销部 岗位或工种：采购员、业务代表	变化程度大：适合结构化程度低的考核方法 变化程度小：适合使用目标管理法和量表法

从表 5-10 中可以看出，以上三个方面并不孤立，而是互为表里的。比如，工作的程序化高，独立性就越小，工作环境的变化也相对较小；而工作环境的变化越大，工作的独立性一般也越大，其程序化水平相对小。

如图 5-4 所示，A 区域表示当工作环境的变化程度和工作的独立性都很低，而工作的程序化程度很高的时候，由于考核的客观性程度很高，那么使用绝对考核法，即将员工的工作情况与客观的工作标准相对照的绩效考核方法就比较合理。B 区域表示当工作环境的变化程度和工作的独立性很高，而工作的程序化程度很低的时候，由于考核的客观性程度很低，所以适合用非结构化的各类考核方法，比如使用相对考核法——人与人之间进行比较的方法更为合理。

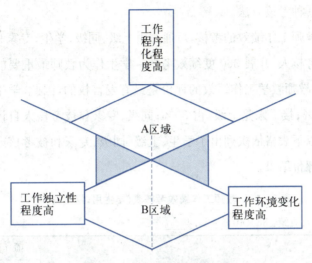

图 5-4　绩效考核方法的选择

图 5-4 中阴影区域所表示的是一种中间状态,更适于目标管理法。

当然,在实践中,设计者在选择考核方法的时候还要考虑以下一些因素:

(1) 制度设计和执行成本。

(2) 制度实施的最终目的。

(3) 企业文化。

(4) 员工的接受程度。

事实上,只有综合了上述种种考虑,才能找到一种最适合某一具体公司的绩效考核方法。

四、核心技能

360 度考核法又称全视角考核方法,是指由被考核者的上级、同级、下级和(或)客户以及被考核者本人担任考核人,从多个角度对被考核者进行全方位的评价,再通过反馈程序,达到改变行为、提高绩效等目的的一种考核方法。

对教师工作绩效的考核,可通过由上级、同级、学生、专家和教师本人担任考核人,开展360度绩效考核。学生作为教师最重要的客户或受众,对教师教学工作绩效的评价是最有发言权的,因此,学生评分权重占40%;接下来是上级,占30%;同级、专家和被考核人自评分别占10%。以下表格依次列出了学生、上级、同级、专家和被考核人对教师工作的评价结果。

表5-11 教师工作绩效考核表(学生用,权重占40%)

教师姓名及成绩:86×40%=34.4

项目		评 估 内 容	项目评分			
			10	8	6	4
			优	良	中	差
教学态度	1	认真备课、授课,按要求布置作业并及时细心批改,组织好课堂讨论、考试、实践等教学环节。		√		
	2	为人师表,教书育人,关心并严格要求学生。	√			
教学过程	3	讲授熟练,条理清楚,能够深入浅出,重点突出。		√		
	4	板书清楚、安排合理、详略得当、一目了然,讲课能抓住要领,语言生动,快慢适中。			√	
	5	课堂上积极与学生互动(提问、组织学生讨论发言等)。		√		
教学能力	6	不断充实更新教学内容,吸取学科研究新成果,反映教学改革新动向,信息量大,有创新意识。		√		
	7	在批改学生作业时,能给出较准确的评价;能指出作业中出现错误的原因及纠正方法。			√	
	8	教学方法灵活,善用教具和多种教学技巧教学,充分调动学生学习的积极性,启发学生思维。		√		

(续表)

项目		评 估 内 容	项目评分			
			10	8	6	4
			优	良	中	差
教学效果	9	学习后,学生较好地掌握所授知识,课后完成作业较顺利。		√		
	10	学习后,有助于学生分析问题、解决问题和联系实际能力的提高。		√		
合 计 得 分			86			

表5-12 教师工作绩效考核表(上级用,权重占30%)

教师姓名及成绩：83×30％＝24.9

项目	序号	具体要求及评分细则	满分	评分
政治态度	1	会议、政治学习时间保证。缺席一次、记录缺一次扣0.5分。迟到、早退不给分。	10	9
	2	参加会议。缺席一次扣0.5分。	5	4
	3	对学生的知识掌握及身心健康全面负责。如对学生进行行为规范教育和安全教育,对相关班级的早操进行管理(少一次扣0.5分)。	5	5
敬业爱岗	4	分管工作活动正常,得2分。有计划、总结、资料齐全,各得1分。	5	4
	5	学校及上级布置的工作,不完成一次扣1分,扣完为止。	5	5
	6	工作责任心强,出全勤。或遵守请假制度,并坚持早到校,迟回家,一心扑在教育事业上。	5	3
	7	积极参加培训、教研活动,次次参加,听课笔记达到规定次数(缺1次扣1分)。	5	5
遵章守纪	8	自觉遵守国家法律和法规,不参加赌博等与教师身份不符的活动,言行不损害学校形象。	5	5
	9	拒不服从学校工作分配者不得分。工作讨价还价或答应以后不按质完成,酌情扣分。	5	5

(续表)

项目	序号	具体要求及评分细则	满分	评分
遵章守纪	10	遵守请假制度。无故旷工,该项不得分。	5	5
	11	事假半天、病假一天扣0.5分;每月迟到、早退4次超1次扣0.5分;擅离岗位1次扣0.5分;发生教学事故有后患者,该项不得分。	5	2
	12	值周值日,到岗尽职。环境整洁,偶发事件处理及时,记录详实,酌情给分;失职造成重大事故,不得分。	5	5
热爱学生	13	工作负责,与家长保持经常性的联系。家长满意度高。	5	3
	14	偏爱差生,辅导及时,潜能生接对辅导有记录、有效果。	5	2
	15	尊重学生的人格,不剥夺学生的学习权利。对学生无体罚或变相体罚现象。	5	5
廉洁从教	16	主动热情接待来访者。不向学生家长索取财物。不以营利为目的向学生推销产品。	5	4
	17	不搞有偿家教,上班时间不从事第二职业。	5	4
为人师表	18	以身作则,语言文明,礼貌待人,文明办公。仪表举止端庄,不追求与教师身份不符的打扮。	5	5
	19	集体荣誉感强。积极工作,积极宣传学校的成绩,言行规矩。同事间制造是非,打击先进,酌情扣分。	5	3
总 分			100	83

表5-13 教师工作绩效考核表(自评用,权重占10%)

教师姓名及成绩:90×10%=9

一级指标(分值)	序号	二级指标(分值)	参 考 指 标	评分
师德规范(10)	1	政治学习 依法治教(2)	积极参加政治学习和业务进修,参加各类学习和仪式时不做与主题无关的事;遵守学校各项制度;以身立教,躬身践行,遵纪守法,坚持原则,尊重学生的人格,严禁体罚或变相体罚学生。以自身高尚的道德情操陶冶和教育学生,做学生的良师益友。	2

(续表)

一级指标（分值）	序号	二级指标（分值）	参 考 指 标	评分
师德规范(10)	2	工作态度 公正廉明(2)	勤奋工作，乐于奉献；实事求是，坚持原则，服从学校的工作安排，工作积极主动；平等对待每一位学生；廉洁从教，不利用职责之便谋取私利；不把自己承担的教育责任推卸给家长。维护学校的声誉。	2
	3	仪态大方 文明修养(2)	整洁大方，体现教师形象和修养，衣饰得体，言谈高雅，举止文明，维护学校荣誉，努力创造团结协作、和谐向上的文明校风。	2
	4	热爱学校 社区服务(2)	热爱学校，关心集体；讲有利于学校团结、进步、发展的话，做有利于学校团结、进步、发展的事；提倡爱心与奉献，积极参与所在社区公益服务活动，为社区内有需要的学生提供义务教育咨询和辅导，积极参与义务献血、捐赠和文明单位共建等活动。	2
学识业务(10)	5	学历职称 指导教师(5)	学历：本科0.5，硕士及以上1.5；积极参与指导青年教师，认真负责，成效突出3分。	4
	6	教研论文 科研课题(5)	全程积极参与市、区级科研课题的研究活动，并有论文或教育教学案例、教案说明、课件等可以展示的文件和资料等成果。积极参与学校组织的课题研究活动，在一定程度上改进现有的教育教学实践(2.5)。参与校本课程的研究活动，成效明显(0.5)。	3
教育能力(60)	7	关心同学 关系融洽(10)	关心爱护全体学生，尊重学生人格，能经常找同学谈心，指导帮助学生，关心结对子学生，结合教材对学生进行思想品德教育和行为规范教育。	8
	8	主动沟通 共同管理(10)	与所任教班的班主任经常沟通，共同分析学生思想、心理等状况，相互配合，促进学生全面发展。与家长沟通，参加家长会或家长接待会。	9

(续表)

一级指标（分值）	序号	二级指标（分值）	参考指标	评分
教育能力(60)	9	参与活动 融入集体(10)	能关心学生组织的班会、社团、社会实践等活动，每学期至少参加两次，准时参加年级组任课老师会议。认真负责晚自修值班。	6
	10	教学常规 职业规范(10)	认真执行各项教学常规制度，面向全体学生，热情帮助学生，对有学习困难的学生进行辅导答疑，学生反映良好。充分利用教育资源，关注控制教育成本，努力提高教育效益。	8
	11	课堂教学 实践探究(10)	认真执行课程标准，注重三维目标的整体设计，精心组织教学内容和教学过程，促进学生学习方式的改善，充分利用数字化课程资源和信息化环境，促进学科整合和网络协同学习。	6
	12	校本教研 专业进修(10)	积极参加各级各类学科活动和业务学习，能承担各类公开课的教学任务，分析和反思自己的教育理念、教学态度、教学行为和教学效果，提高教学与研究能力，按规定完成新一轮教师培训课程，提高教师素养和专业水平，努力承担各项教研任务，完成教科研项目，优势互补，资源共享，具有团队合作精神。	8
主要成果(20)	13	论文课题 发表获奖(5)	全国或市级获奖(5分)；区级或学会获奖(3分)；核心刊物发表(3分)；一般刊物发表(2分)；内部刊物发表，对教育实践经验进行总结(2分)。	8
	14	教育质量 成绩显著(5)	任教班级学生学习成绩在全市名列前茅(5分)；任教班级学生学习成绩有显著提高(4分)；任教班级学生学习成绩有进步或在年级组名列前茅(3分)。	7
	15	公开教学 市区评价(5)	全国或市级公开课教学获奖(5分)；区级公开课教学获奖(3分)；校级公开课教学获奖(2分)。	6

(续表)

一级指标 (分值)	序号	二级指标 (分值)	参 考 指 标	评分
主要成果 (20)	16	指导学生竞赛得奖(5)	获全国等第奖或市级团体等第奖(5分); 获市级等第奖(4分);获其他等第奖(2分)。	9
合　计			90	

表 5-14　教师工作绩效考核表(专家用,权重占10%)

教师姓名及成绩：87×10％＝8.7

听课人	任课教师	职称	授课班级	上课地点		时　间
陈××	李××			西214		8:30～12:00
课程名称或 学习领域	绩效管理实训					
课　题						
评价项目		评　价　要　素 A5　B4　C3　D2　E1				评　价
教学 准备 10%	执行 计划	看授课计划,比对实际所讲内容 A. 与授课计划相符; B. 不符,差1～2次课; C. 不符,差异大; D. 未执行计划。				5
	教案	看教案 A. 有,纸质;B. 有,电子;C. 有,待查;D. 课件替代;E. 没有。				4
	课件	看课件 A. 有,恰当,效果突出; B. 无,但不影响教学效果; C. 有,课件制作水平一般,效果不突出; D. 有,电子板书; E. 没课件,但按课程及内容难易程度应该有课件。				5
教学 实施 50%	教学 引入	教师对学生常规及教学环境 A. 有提示、有检查、有记录、有点评,效果好; B. 效果较好; C. 效果一般; D. 效果较差; E. 没有关注。				3

(续表)

评价项目		评 价 要 素 A5 B4 C3 D2 E1	评 价
教学实施 50%	教学引入	教师复习　引课阶段 A. 复习、新课连接自然，教学目标及学习任务明确，很好； B. 较好； C. 一般； D. 较差； E. 很差。	3
	教法手段	A. 符合行动导向的教学模式； B. 传统方法，但也注意对学生能力培养，且有一定的效果； C. 效果一般； D. 效果较差； E. 效果很差.	4
		A. 注意利用各种教学资源及教学媒体，且能够科学、合理地使用，效果好； B. 效果较好； C. 效果一般； D. 效果较差； E. 根本不用。	3
	德育教育	A. 教学中注意将对学生的职业道德教育有机融入学习内容中，且效果好； B. 效果较好； C. 效果一般； D. 没有关注这个问题。	5
	教学组织	A. 关注为每个学生提供平等参与机会，对学习活动有针对性的指导； B. 较好； C. 一般； D. 较差； E. 很差。	5
		A. 课堂控制力较强，能很好地控制学生实施进程，能很好地把握学生完成任务的步骤与节奏； B. 较好； C. 一般； D. 较差； E. 很差。	4
	教学评价	A. 注意对学生的学习情况进行及时评价，点评到位，面向全体，实事求是且能以此激发学生兴趣； B. 较好； C. 一般； D. 较差； E. 很差。	4

(续表)

评价项目		评 价 要 素 A5　B4　C3　D2　E1	评 价
教学 实施 50%	作业	A. 使用课业或工单,任务明确,注意提升学生能力; B. 课业或工单设计水平一般; C. 书本问、答,要求规范,作业内容有选择和设计; D. 仅能做到有作业; E. 无作业。	4
教师 能力 20%	语言	A. 衣着、发式得体;说话有亲和力,音调清晰;语言表达流利,且有幽默感,引人入胜; B. 较好; C. 一般; D. 较差; E. 很差。	4
	教态	A. 教态自然,肢体语言适当,注意关注所有学生; B. 较好; C. 一般; D. 较差; E. 很差。	4
	应变	A. 反应机敏,能妥当地处理偶发或突发事件; B. 较好; C. 一般; D. 较差; E. 很差。	4
	板书	讲授课 A. 课件与板书有机结合,且能发挥各自的长处; B. 板书有设计,规范、整洁; C. 有板书,缺乏设计不美观; D. 无板书。	4
		活动课 A. 教师的演示和示范规范,教具使用适时适度,效果好; B. 较好; C. 一般; D. 较差; E. 很差。	4

(续表)

评价项目		评价要素 A5　B4　C3　D2　E1	评价
教学效果 20%	兴趣提高	听课者能感受到 A. 老师调动了学生的学习兴趣,学习气氛热烈,学生参与度高,课堂互动性好; B. 较好; C. 一般; D. 较差; E. 很差。	4
	目标达成	听课者认为本次课 A. 实现了教学目标,学生完成了教学任务,对所学基础理论、基本知识、基本技能掌握良好; B. 较好; C. 一般; D. 较差; E. 很差。	5
	笔记	查看学生笔记 A. 有,且教师对如何记笔记一贯有要求,有批改; B. 有,但整体要求不够规范; C. 少部分学生没有笔记; D. 少部分学生有笔记; E. 教师对记笔记没有要求。	5
	作业	A. 有纸质作业,次数符合课时量,教师批改认真; B. 较好; C. 一般; D. 较差; E. 很差。	5
	教学科研	A. 发表过3篇以上论文,出版过1本书籍; B. 发表过2篇以上论文,出版过1本书籍; C. 发表过1篇以上论文,出版过1本书籍; D. 发表过1篇论文; E. 没有发表过任何论文与书籍。	4
沟通与交流		定性描述评价: 讲课幽默风趣,能调动班级同学积极发言,有较好的应变能力。让同学亲手实践,更容易让学生理解。	
		改进建议: 应该多讲一些理论的东西,让同学更好地理解。	

表 5-15　教师工作绩效考核表(同级用,权重占 10%)

教师姓名及成绩：74×10%＝7.4

评 估 内 容			项目评分			
			5	4	3	2
			优	良	中	差
教学态度	1	治学严谨,为人师表,严格考勤,教书育人。		√		
	2	熟悉大纲,精通内容,备课充分。		√		
	3	情绪饱满,有较好的教学心态。	√			
	4	热心辅导学生自学,不厌其烦地帮助学生解答疑难问题。	√			
	5	热爱学生、公平对待每一位学生,师生关系融洽。	√			
教学内容	6	内容充实,无知识性错误,所需各项教学技能熟练。	√			
	7	条理清楚,重点突出,抓住并解决难点问题。		√		
	8	知识容量适中,讲解速度适当,学生能接受。		√		
	9	注意吸收本学科发展的新信息,更新教学内容。		√		
	10	有系统性,并注意与相关课程内容的联系。			√	
	11	注意思想性、科学性与人文性的统一,理论与实践相结合。			√	
	12	按要求布置作业,并细心认真批改,指出错误原因及纠正方法。		√		
	13	严格保密考试试题,判卷严格、公平。				
教学方法	14	语言表达清晰、简洁,板书工整、规范。		√		
	15	教学方法灵活,课堂活跃,善于调动学生的积极性;重视启发学生思维,培养能力,学生有思考操作的机会。		√		
	16	精讲巧练结合,重视引导学生把知识转化为能力。	√			
	17	结合教学内容的特点,采用合适的教具和多种教学技巧教学。		√		

(续表)

评　估　内　容			项目评分			
			5	4	3	2
			优	良	中	差
教学方法	18	面向全体,较好地维持课堂秩序,注意反馈调节,机敏处理偶发事件。	√			
	19	教学过程结构紧凑,时间分配恰当,不拖堂。		√		
	20	按时完成教学任务,达到教学目的,各层次学生都学有所得,对教学反映良好。	√			
	21	发表过3篇论文,出版过1本书籍,并进入各个大中小企业调研,有过进入企业工作的经历。		√		
合　计　得　分						

五、操作过程

记录关键事件的 STAR 法

在使用关键事件法时,有一个关键的步骤就是要将关键事件记录下来,这里介绍一种 STAR 法(也叫"星星法"),即记录的一个事件要从四个方面来描述:

- S——Situation 情境,这件事情发生时的情境是什么样子的。

图 5-5　记录关键事件的 STAR 法

- T——Target 目标,为什么要做这件事情。
- A——Action 行动,当时采取了什么行动。
- R——Result 结果,采取这个行动获得了什么结果。

安妮是公司的物流主管,主要负责将客户从海外运来的货物清关、报关,并把货物提出来,然后按照客户的要求运到客户那里,并保证整个物流的顺利进行。

这家公司很小,共有20位员工,只有安妮一人负责这项工作。在公司里除了她再没有人熟悉这项业务了。可是在进行完一月份考评后,二月份就发生了一件事情:她80多岁的祖母半夜里病逝。她从小由祖母带大,祖母的病逝使她很悲伤。为料理后事,她病倒了。碰巧第二天,客户有一批货从美国运来,并要求清关后在当天6点之前准时运到客户那里,而且这是一个大客户。安妮怎么做的呢?她把家里的丧事放在了一边,第二天早上9点钟准时出现在办公室,她的经理和同事都发现她的脸色铁青,精神也不好,一问才知道她家里出了事。但这个小女孩什么话也没有说,一直忙着做进出口报关、清关的手续,把货及时从海关提出来,并且在下午5点钟就把这批货发出去了,及时地送到客户那里。然后,5点钟时,她就提前下班走了,回去料理祖母的丧事,可公司却是6点钟才下班。

资料来源:张晓彤,《绩效管理实务》,北京大学出版社,2004年,第59页。

这是一个关键性事件,如果这件事她的部门经理没有发现,没有记下来,或者人力资源部也没有发现,那么在其他员工眼里,6点钟下班,她5点钟就走了,别人会认为她早退。但如果部门经理善于观察,及时发现了这件事情,并知道了事情的原委,他会发现这是件很感人的事情。如果不是安妮的祖母去世,帮助客户快速办理货物就是一个物流主管正常的工作,是不会被记录下来的。但这一天,她置个人的事情于不顾,首先考虑到公司的利益,为了不让客户损失,克服了种种困难出现在办公室里,并提前完成了任务。这是要加分的一件事情,应当把这件事情记录下来。使用STAR法将这件事情的四个角(情境、目标、行为和结果)都记录下来。

- S 情境——安妮的祖母头一天晚上病逝。
- T 目标——为了第二天能把一批货完整、准时地运到客户那里。
- A 行动——她置个人的事情于不顾,准时出现在办公室,提前一个小时把货发出去了。
- R 结果——客户及时收到了货,没有损害公司的信誉。

六、实例展示

表 5-16 GE公司的绩效考核标准

等级	描述
杰出	具有超出完成正常工作定额的能力;经常对业务经营做出贡献,乃至成为某一领域的专家;能独立地用基础理论去解决本职工作以外的问题;曾被委托执行高水平的工作且成绩显著;在很困难的环境中工作也从未出现问题;能够及时抓住具有首创性、挑战性的工作目标,并取得成功。在这个层级的员工是精通业务、能稳妥处理事务、富有潜力的。
优秀	在执行和完成具有挑战性工作目标时表现出色,每项工作都能及时、彻底地完成,成绩比预期的好,非常胜任本职工作,工作中能从全局出发;工作上值得信赖,只需稍加辅导和监督即可。

等级	描述
良好	工作称职，具有足够的能力去完成所交予的工作任务，是承担项目的主要业务骨干；工作质量和数量都较好，不需要过多的辅导和监督。
及格	经常不能满足所承担的职务的要求；不具备独立工作的能力，必须在辅导和监督下完成工作。若能适当地调整工作，仍能够成为好职员。
不及格	不能完成工作定额，生产的产品经常不合格；不具备独立工作的能力，过分依赖辅导和监督，自己不能做好工作；即使培训及调换工作，仍不会有好的表现。

考评时采用的表格有开放式和封闭性两种。考评过程及结果汇总时，采用科学的统计方法和手段，尽可能地保证过程和结果的公平、公正，如去掉最高分和最低分、采用"强制正态分布"进行分级等。

资料来源：杨明娜，《绩效管理实务》，中国人民大学出版社，2008年，第79页。

任务六

绩效反馈

　　对人力资源管理专业教师进行360度考核,并进行绩效反馈。

一、实例参考

　　2012年年底的一个周三下午,安徽合肥高新区某IT公司销售部员工张三被其主管销售部赵经理请到了二楼会议室。张三进门时,看见赵经理正站在窗户边打手机,脸色不大好看。约五分钟后,赵经理匆匆挂了电话,说:

　　"刚接到公司一个客户的电话……前天人力资源部长找我谈了谈,希望我们销售部能带头实施面谈。我本打算提前通知你,好让你有个思想准备。不过我这几天事情比较多,而且我们平时也常沟通,所以就临时决定今天下午和你聊聊。"

　　等张三坐下后,赵经理接着说:"其实刚才是蚌埠的李总打来电话,说我们的设备出问题了。他给你打过电话,是吧?"张三一听,顿时紧张起来:"经理,我接到电话后认为他们自己能够解决这个问题的,就没放在心上。"张三心想:这李总肯定向赵经理说我的坏话了!于是变得愈加紧张,脸色也变得很难看。

"不解决客户的问题怎么行呢?现在市场竞争这么激烈,你可不能犯这种低级错误呀!这件事等明天你把它处理好,现在先不谈了。"说着赵经理拿出一张纸,上面有几行手写的字,张三坐在对面没看清楚。赵经理接着说:"这次的绩效考评结果我想你也早就猜到了,根据销售业绩,你今年业绩最差。小张呀,做市场是需要头脑的,不是每天都出去跑就能跑到业务的。你看和你一起进公司的小李,那小伙子多能干,你要向他多学着点儿!"张三从赵经理的目光中先是看到了批评与冷漠,接着又看到了他对小李的欣赏,张三心里感到了刺痛。

"经理,我今年的业绩不佳,那是有客观原因的。蚌埠、淮南等城市经济落后,产品市场还不成熟,跟江浙地区不能比。为了开拓市场,我可费了很多心血才有这些成绩的。再说了,小李业绩好那是因为……"张三似乎有满肚子委屈,他还想往下讲却被赵经理打断了。

"小张,你说的客观原因我也能理解,可是我也无能为力,帮不了你啊!再说,你来得比他们晚,他们在江浙那边已经打下了一片市场,有了良好的基础,我总不能把别人做的市场平白无故地交给你啊。你说呢?"赵经理无奈地看着张三说。

"经理,这么说我今年的奖金倒数了?"张三变得沮丧起来。

正在这时销售部的小吴匆匆跑来,让赵经理去办公室接一个电话。赵经理匆匆离去,让张三稍等片刻。于是,张三坐在会议室里,心情忐忑地回味着经理刚才讲过的话。大约过了三分钟,赵经理匆匆回到了会议室坐下来。

"我们刚才谈到哪儿了？"赵经理显然把话头丢了。张三只得提醒他说到自己今年的奖金了。

"小张，眼光要放长远，不能只盯着一时的利益得失。今年业绩不好，以后会好起来的。你还年轻，很有潜力，好好干会干出成绩来的。"赵经理试图鼓励张三。

"我该怎么才能把销售业绩做得更好呢？希望经理你能多帮帮我呀！"张三流露出恳切的眼神。

"做销售要对自己有信心，还要有耐心，慢慢来。想当年我开辟南京市场时，也是花了近一年的时间才有了些成效。那个时候公司规模小，总经理整天带着我们跑市场。现在我们已经有了一定的市场占有率了，公司知名度也有所提高，应该讲现在比我们那时候打市场要容易些了。"

张三正打算就几个具体的问题请教赵经理时，赵经理的手机突然响了，他看了一眼号码，匆忙对张三说："我要下班接儿子去了，今天的面谈就到这里吧，以后好好干！"说罢匆匆地离开了会议室，身后留下了一脸困惑的张三……

资料来源：《一次绩效反馈面谈诊断》，中人网，http://www.chinahrd.net/performance-management/feedback-application/2010/0201/135700.html。

二、背景知识

经济学家迪安·罗森伯格指出："人事考核最主要的目的，就是要帮助员工个人和组织改进绩效。而能够及时妥善地对考核的结果进行反馈，将直接影响到整个考核工作的成效。"由此足以看出绩效反馈的重要性。

绩效反馈是绩效管理过程中的一个重要环节，就是将绩效考核结果反馈给被考核对象，并对被考核对象的行为产生影响的过程。

绩效反馈的目的在于提高员工的工作绩效,进而提高企业整体的业绩。具体来说,第一,使员工了解自己在本绩效周期内的业绩是否达到所定的目标,行为态度是否合格,使管理者和员工对考核结果达成一致;第二,管理者和员工双方共同总结绩效表现好的经验,探讨绩效未合格的原因,并制定有依据、有基础的绩效改进计划;第三,管理者向员工传达组织的期望,使员工能随时了解企业的变化,双方对绩效周期的目标进行共同探讨,最终形成一个绩效合约,管理者进一步掌握员工的工作情况,提供有针对性的资源和指导方式,员工可以及时得到更适合的协助,以更好地完成任务和达成目标。具体来讲,绩效反馈面谈的目的如下:

1. 对被考核者的表现达成一致的看法

对同样的行为表现,往往不同的人会有不同的看法。管理者对员工的考核代表的是管理者的看法,而员工可能会对自己的绩效有另外的看法,因此,必须进行沟通以达成一致的看法,这样才能制定下一步的绩效改进计划。

2. 使员工认识到自己的成就和优点

每个人都有被人认可的需要。当一个人做出成就时,他需要得到其他人的承认或肯定。因此,绩效面谈一个很重要的目的就是使员工认识到自己的成就或优点,从而对员工起到积极的激励作用。

3. 指出员工有待改进的方面

员工的绩效中可能存在一些不足之处,或者员工目前的绩效表现是比较优秀的,但如果今后想要做得更好仍然有一些需要改进的方面和上升发展的空间,这些都是在绩效面谈的过程中应该指出来的。通常来说,员工想要听到的不只是附和表扬的话,他们也需要有人中肯地指出其有待改进的方面。

4. 制定绩效改进计划

在双方对绩效考核的结果达成一致意见后,员工和管理者可以在绩效面谈的过程中一同制定绩效改进计划。通过绩效面谈的交流,双方可以充分地沟通关于如何改进绩效的方法和具体的计划。员工可以提出自己的绩效改进计划并向主管人员提出自己需要他提供怎样的支持,以及如何让主管人员得到自己的绩效改进信息。主管人员则对员工如何改进绩效提供自己的建议。

5. 协商下一个绩效考核周期的目标与绩效标准

绩效管理是一个往复不断的循环。一个绩效考核周期的结束同时也是下一个绩效考核周期的开始。因此,上一个绩效考核周期的绩效反馈面谈可以与下一个绩效考核周期的绩效计划面谈合并在一起进行。由于刚刚讨论完成员工在本绩效考核周期中的绩效结果以及绩效改进计划,因此,在制定绩效目标的时候就可以参照上一个绩效周期的结果和存在的待改进的问题来制定,这样既能有的放矢地使员工的绩效得到改进,又可以使绩效管理活动连贯地进行。

由于绩效反馈在绩效考核结束后实施,而且是考核者和被考核者之间的直接对话,因此,有效的绩效反馈对绩效管理起着至关重要的作用,是决定能否达到绩效考核预期目的的重要环节,有效的绩效反馈可以更好地利用绩效结果,并将绩效结果作为培训开发、薪酬调整和人员配置的重要依据。

三、基本技能

绩效反馈主要是指通过考核者与被考核者之间的沟通,就被考核者在考核周期内的绩效情况进行面谈,在肯定成绩的同时,找出工作中的不足并加以改进。

(一)绩效反馈的内容

1. 通知员工当期绩效考核结果

绩效考核结果一定要及时反馈给员工,使员工明确其绩效表现在整个组织中的大致排名,激发其努力改进的意愿。

2. 分析员工绩效差距、确定改进措施

管理者要重视员工的绩效考核结果,进一步了解记录其关键行为,整理区分出高绩效与低绩效行为记录,对高绩效行为通过表扬和鼓励来实现正强化;对低绩效行为进行分析总结,准确界定绩效差距,在进行绩效反馈面谈时采取恰当的方式反馈给员工,共同商讨改进方案,切实提高员工绩效,进而提高企业整体绩效。

3. 沟通协商下一个绩效考评周期的工作任务和目标

绩效反馈是一个考评周期的结尾环节,也是下一个绩效考评周期的开始。因此,管理者要与员工沟通,共同商定下一个绩效考评周期的工作任务和目标,既要围绕关键绩效指标,又要考虑员工所处的内、外环境变化,同时还要安排相应的资源配置,为绩效任务的完成和目标的实现提供保障。

(二) 绩效反馈的流程

绩效反馈以面谈为核心,前期要做好面谈的准备,后期要确定并提出绩效改进计划。因此,绩效面谈的流程大致可以分为以下三个阶段:

1. 绩效面谈准备

首先,要明确绩效面谈要达到的目标;其次,选择确定合适的面谈时间和场所;最后,要注意收集考核的相关资料,事先向员工通报考核结果,使员工明确其绩效表现在整个组织中的大致排名,并要求员工在面谈之前做好自我评估工作。

(1) 选择合适的面谈时间。管理者应根据工作安排,选择一个双方都空闲的时间。如果员工在面谈的时候还担心手上的工作,就很难集中注意力,而且会带着厌烦、应付的情绪。面谈时间尽量避开临近上下班时间。刚上班的时间还没进入工作状况,快下班的时间员工又回家心切,担心有可能占用下班时间来完成面谈,从而达不到积极的效果。面谈时间段也要合理,时间过长,容易疲倦,注意力不集中,影响手头工作;时间过短,不能充分获取信息和了解双方的期望。

(2) 选择合适的面谈地点。绩效面谈反馈的地点一般是管理者的办公室、会议室或接待室,最好远离电话、传真等,选择不易受干扰的相对封闭的地方,以小型会议室或接待室为佳。不过,最常见的面谈地点还是管理者的办公室,管理者最好能拒接电话或接待访客,争取面谈不被干扰或中断。此外,还要安排好面谈的距离和位置。如图 6-1 所示,如果桌子为方桌,管理者与员工面对面坐着,第一种形式距离较近,目光直视容易造成较大的心理压力,无法充分表达自己的真实想法;第二种形式距离又太远,拉大了心理距离,不利于交流和合作;第三种形式管理者和员工坐在同一侧,不利于观察对方的表情,有可能感到不自在、有压力。合适的面谈距离应该是管理者和员工成一定角度而坐,避免目光直射,也有利于观察对方的表情和非语言行为。

图 6-1　不合适的面谈距离和位置图

(3) 收集整理面谈所需要的资料。面谈要让对方心服口服,就要准备充分的事实和信息资料,有据可查。一般而言,管理者须准备绩效考核表格、员工

图 6-2　合适的面谈距离和位置图

日常工作情况的记录和总结、该绩效考核周期的绩效计划、员工绩效考核结果(包括各考核者对员工的评价和经过加权处理的各个绩效考核标准的考核结果)等资料。员工需要准备能表明自己绩效状况的事实依据,如整个考核周期的工作情况和成果。如需对各种日常问题与管理者交流,就需要准备相关的资料和信息。

(4) 诊断绩效问题。在绩效面谈前,要求主管对员工绩效进行诊断。在与员工面谈时,要求主管不能仅仅是告诉员工一个考核结果,更重要的是要告诉员工为什么产生这样的绩效和应该如何避免出现低的绩效。员工绩效突出或未达到预期的要求,往往受很多因素的影响,这里提供三种不同的绩效诊断方法供参考。

第一种方法是知识、技能、态度与外部障碍"四因素影响论",如图6-3所示。

知识 有做这方面工作的知识和经验吗?	技能 有应用知识和经验的相关技能吗?
态度 有正确的态度和自信心吗?	外部障碍 有不可控制的外部障碍吗?

图 6-3 绩效诊断四因素影响法

第二种方法员工、主管和环境三因素影响论,如图6-4所示。

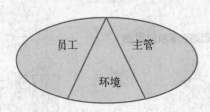

图 6-4 绩效诊断三因素影响法

员工绩效的好坏取决于三个重要的方面,即是员工本人、管理者的责任和环境因素。员工绩效不好,可能是员工本人的问题,或者是管理者没有讲清楚或没有给予足够的指导,也可能是内部或外部环境因素造成的。

第三种方法 $P = f(SOME)$ 模型,如图6-5所示。

图 6-5 绩效诊断 $P = f(SOME)$ 模型

现代科学技术心理学的研究表明,员工的绩效主要由以下几个因素决定:
- 技能(S—Skill);
- 机会(O—Opportunity);
- 激励(M—Motive);
- 环境(E—Environment)。

可以用以下公式来表示:

$$P = f(SOME)$$

这个公式表明,绩效是技能、机会、激励和环境这四个变量的函数。

① 在其他因素不变的情况下,员工的技能越高,绩效就越显著,因此,技能与绩效成正比。而技能的高低又取决于多种因素,这些因素包括个人的体质、智力、所受的教育培训状况以及本人已经具备的知识和经验等。

② 激励是指员工的工作状态,也是他的积极性如何。员工的积极性取决于主、客观两方面的因素,主观因素是员工的世界观与价值观、个人需要、兴趣、个性等,客观上也要受到工作环境、领导评价、协作关系等因素的影响。

③ 机会与员工的工作绩效有极大的关系,特别是在风险大的行业中,机会好坏大大影响员工与组织的绩效。

④ 环境包括员工工作的软、硬两个方面的环境。软环境是人际关系、与领导的友情、组织气氛等,硬环境主要是工作条件。石油、煤炭、地质工作人员在野外工作,环境对员工的工作绩效有很大影响,甚至是员工能否继续工作的重要依据。

(5) 确定绩效改进的策略和方法。一旦弄清了绩效差的原因,下一步就要思考如何寻求解决办法来帮助员工解决问题,如图6-6

所示。

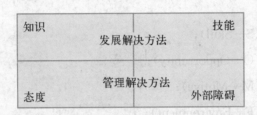

图6-6 绩效四因素问题相应解决办法

① 管理解决办法：改变员工的工作态度和工作环境，与员工谈心，了解员工真实的意图；进行必要的岗位调整。

② 发展解决办法：提高员工各方面的知识、技能，一般会选择通过培训、自学等方式来进行。

一般来说，如果存在外部障碍，管理者应首先考虑在自己的权限范围内能否排除它们或减少影响。如果情况如此，应采取管理措施以最大限度地限制外部障碍的影响。如果存在态度问题，管理者应在解决发展问题之前对此加以解决。态度问题必须首先解决，否则，一切预期都不可能发生。

(6) 计划好面谈的程序。整个面谈的过程需要事先做好计划。计划的内容包括面谈过程大致包括哪几部分、要谈哪些内容、这些内容的先后顺序如何安排和各个部分所花费的大致时间等。

首先，要计划好如何开始。如果双方对面谈的目的非常了解，并做好了充分的准备，可以直奔主题，进入正式的面谈。管理者也可以从一个轻松的话题入手，以使员工放松心情，消除过度紧张情绪，能在接下来的面谈中坦诚地表述自己的真实想法。

其次，要计划好绩效面谈的过程，也就是根据重要性、有效性及员工的考核结果对关键工作进行排列，确定先谈什么，再谈什么。一般来说，要先谈员工表现好的工作点，再谈有待改进的不足之处；先谈重要的工作，再谈辅助的工作。当然，有的面谈采取先让员工对自己的工作进行总结,然后由管理者提出意见和建议。

最后,要计划好在什么时候结束面谈以及如何结束面谈。

2. 绩效面谈过程

设计好开场白、谈话内容及结束方式,管理者和员工双方应以平等的方式在宽松和谐的气氛中开始面谈。主管人员在绩效面谈中起主导作用,主管人员的表现直接影响到绩效面谈的效果以及整体绩效管理体系实施的效果。

(1) 在绩效面谈中主管人员应注意的问题。

① 建立并维护彼此的信赖。沟通双方的紧张程度与彼此平时沟通交流的次数、上下级关系的融洽程度有着直接的联系。因此,建立彼此的信赖关系是绩效沟通面谈成功的首要前提。

② 清楚说明面谈的目的和作用。花点时间讲清楚面谈的目的和具体议程,有助于消除双方的紧张情绪,同时,也便于了解下属的思想动态。

③ 鼓励下属讲话。你了解的一些信息不见得就是真实情况,鼓励下属主动参与,有利于对一些问题快速达成共识,同时,也便于了解下属的思想动态。

④ 注意全身心的倾听。倾听不单是对员工的尊重,也是营造氛围、建立信赖、把握问题的关键。

⑤ 集中在工作绩效上,不要涉及人格。绩效评价强调的是基于现实工作的比较,那些对绩效没有任何影响的性别、穿着、民族、相貌等因素不要成为面谈的内容。

⑥ 聚焦在未来,而非过去。绩效管理的核心在于未来绩效的提升,而不是像反向镜那样聚焦过去。双方只有关注未来,才能使员工真心实意拥护并切实参与到绩效管理当中来,绩效管理才是真正具有激励意义的管理。

⑦ 强调以事实为依据,不要采用道听途说的信息。缺乏事实依据

或采用道听途说的信息往往是管理者没有做好绩效辅导而造成的。如果在面谈过程中引用未经确认的、道听途说的信息,往往比缺乏事实根据更糟。

⑧ 避免冲突与对抗。交流过程中可能会遇到冲突与对抗,如果管理者利用自己的领导权威强行解决冲突,很可能不久会为此付出相当大的代价! 它可能破坏了员工与管理者之间的信任,致使以后的沟通难以做到开诚布公。很多情况下,管理者更需要员工。

⑨ 找出双方待改进的地方,制定具体的改进措施。沟通的目的主要在于未来如何改进和提高,改进包括下一阶段绩效目标的确定以及与员工订立发展目标。只有这样,你的考核不仅是评价,也关注了员工发展这一更重要的职能。

⑩ 该结束时立即结束。如果认为面谈最好结束时,不管进行到什么程度都不要迟疑。出现下面任何一种情况都应该叫停:彼此互不信任;主管或下属急着要去其他地方;下班的时候到了;进行停滞;等等。如果原先预计的目标没有在面谈结束之前达成,待下一次面谈再继续。

(2) 绩效面谈的基本技巧。

绩效面谈是主管人员与员工双向沟通的过程。要想很好地达到沟通目的,最重要的是要取得员工的信任,但掌握某些会谈的技巧是必要的。

① 坦诚相见,把考核表拿给下属看,不要藏起来。

② 将评估思路解释给下属听。主管查过的记录或者从其他人员、部门收集到的信息直说无妨。如果主管是完全凭自己所知道的而进行的评估,也要告诉下属实情。主管应该告诉下属自己希望听到很坦白的意见,因为自己的考核评估可能并不是全部正确。比如说,如果下属做过的一些事主管给忘了或主管根本不知道,主管就要勇于承认。

③ 主管要记住评估是暂时性的,如果下属提意见让自己觉得评估有错,要乐意更改,不要怕承认错误。

④ 摘述要点。讨论完成之后,主管应再与下属将重点的地方浏览一遍,并给下属一份最终完成的评估表的复印件。

上面四种技巧都使下属感到主管所做并无秘密可言,主管只是想做一个公平正确的评估,并能与下属合作且助其改进以后的工作绩效而已。主管可能想从下属的优点开始谈,也可能直截了当地从考核表的第一点开始。不管什么方式,只要是最自然、最轻松方式就是最好的方式。讨论全部结束后,主管应该对整个评估予以评述。

(3) 如何与不同类型员工沟通。

在绩效反馈面谈中,会遇到各种各样的员工,应根据不同员工的特点与他们进行沟通和交流。

① 优秀员工。当遇到一名优秀员工的时候,与其面谈要注意以鼓励为主。因为优秀的员工在其职责范围的工作上一定做得非常好,并且有很多别的员工所不具备的优异表现,所以一定要首先对员工的优秀表现加以认可,并且多了解一些他们做得好的典型行为,以便推广到其他员工身上。另外,优秀的员工往往有比较强烈的个人发展愿望,在绩效反馈面谈时可以花比较多的时间了解员工的未来发展设想,这样可以更好地为其发展创造机会和空间,有时候,主管人员和员工可以一同制定未来发展计划。而且,优秀员工往往对自己比较自信,对提升和加薪等事情也觉得在自己应得范围之内,在这种情况下,主管人员就更应该谨慎对待,不要轻易做出加薪或晋升的承诺,以免不能兑现。

② 一直无明显进步的员工。有的员工绩效总是徘徊不前,没有什么明显的进步,对待这种员工,应该分析一下他们一直没有明显进步的原因。可能的原因有以下几点:

(a) 个人的动机问题。自己给自己设立的目标比较低,没有提出较高的要求。

(b) 目前的职位不适合他。这个员工也许有许多潜能,也有成就愿望,但是没有办法在现在的职位上发挥出来。

(c) 工作的方法不对。有的员工可能在一个职位上做了很长时间,但却一直没有找到适当的工作方法,这样他的工作绩效始终提高不上去。

(d) 有其他的个人困难。

对待一直没有明显进步的员工,应该开诚布公地与他们进行交流,查明他们没有进步的原因,然后对症下药。如果是个人的动机不足,就应该充分肯定员工的能力,必要的时候可以使用"激将法",这样可能会激发员工的上进心。如果是现在的工作职位不适合员工,就可以一方面帮助员工分析什么样的职位适合他,另一方面听听员工自己想做什么,再做决定。如果是员工的工作方法不对,就可以帮助他一起分析在哪些方面可以改进。总之,既要让员工看到自己的不足,又要切实为员工着想,帮助他们找到有效的改进方法。

③ 绩效差的员工。主管人员可能都会有这样的感觉:与那些绩效好的员工进行面谈是件比较愉快的事情,而跟那些绩效差的员工进行绩效反馈面谈却是一件比较令人头痛的事情。绩效差的员工可能不太容易面对一个很差的分数的事实,但主管人员却又不得不让他们去面对。有的绩效差的员工可能会比较自卑,认为自己一无是处,破罐子破摔。还有的绩效差的员工可能并不认为自己绩效差,这样在绩效反馈面谈中就容易与主管人员产生冲突。对待绩效差的员工,要注意的一点就是一定要具体分析其绩效差的原因,不要一概认为是个人原因。

④ 过分雄心勃勃的员工。有的员工可能成就动机过强,显得雄心勃勃。他们往往期望自己能够为组织做出更加重要的贡献,他们会提

出很多未来的设想和计划。对这样的员工，虽然要用事实向他们表明一些现存的差距，但不能对他们一味地泼冷水，要与他们讨论未来发展计划的可能性，帮助他们制定现实的计划。

⑤ 沉默内向的员工。有的员工非常沉默内向，在绩效反馈面谈的过程中，除非主管人员问到他们一些问题他才做出回答，否则，他不会主动表达自己的想法。他们在与主管交流时可能会局促不安，紧张而手足无措；也有的可能表现得沉静、冷漠。对待这种员工，要善于提开放性的问题使他们多表达，同时多征询他们对事情的意见，这样可以使他们有较多的说话机会。

⑥ 爱发火的员工。有时，在绩效反馈面谈的过程中，员工的意见与主管人员的意见发生冲突，员工可能会由于强烈的不同意见或不满意而发火。在这种情况下，主管人员应该耐心地听员工把话讲完，不急于和员工争辩，要等到员工冷静下来后，再同员工一起找到原因，分析问题。

⑦ 年龄大、工龄长的员工。有些年龄大、工龄长的员工，在过去为组织做出了很大贡献，而现在可能对一些新知识、新技术的掌握比较慢，因此绩效可能不高。这些员工可能会有各种复杂的想法，对待这些年龄大、工龄长的员工，一定要尊重他们，首先要肯定他们过去为组织做出的贡献，并且对他们表示亲切的关怀；但也一定要让他们知道，过去的成绩是对一定时间范围内的成绩的考核，而且是有客观依据的，应该让他们接受现实的差距。

3. 提出绩效发展计划

管理者和员工就下一步的具体行动达成一致，确定将做什么、何时完成等，要求绩效发展计划具有可行性、时效性和具体性。

（1）绩效发展计划的内容。

绩效发展计划是根据员工有待发展提高的方面在指定时期内完成的有关工作和工作能力改进与提高的系统计划。绩效发展计划通常是在主管人员的帮助下由员工自己制定,并与主管人员讨论达成一致意见。主管人员应承诺提供员工实现计划所需的各种资源和帮助。个人发展计划通常包括以下几方面的内容:

① 需要改进的项目。通常是指在工作能力、方法、习惯等方面有待提高的地方。这些有待发展的项目可能是现在水平不足的项目,也可能是现在水平尚可但工作需要更高水平的项目。这些项目是通过努力可以改善和提高的。

② 改进和发展的原因。选择某些项目列入个人发展计划中一定是有原因的。这种原因通常是由于在这些方面的水平比较低而工作又需要在这个方面表现出较高的水平。

③ 目前的水平和期望达到的水平。绩效改进计划应该明确清晰的目标,因此,在制定个人发展计划时,要指出需要提高的项目目前表现的水平是怎样的和期望达到的水平又是怎样的。

④ 确定改进措施和责任人。将某种待改进或发展的项目从目前水平提升到期望水平可能有多种方式,如培训、自我学习、他人帮助改进等,对一个项目进行改进可以采用一种方式,也可以采取多种方式。同时,还应当确定责任部门或责任人,以便更好地帮助员工并跟踪其改进的效果。

⑤ 确定达到目标的期限。预期在多长时间内能够将有待发展的项目提升到期望水平,指出评估的期限。

(2) 绩效发展计划的执行条件。

制定绩效发展计划是为了使下属改变行为。要使下属的行为改变得以实现,必须符合以下五个条件:

① 愿意。下属必须想要改变。

② 知识与技能。下属必须知道要做什么并且知道应该如何去做。

③ 气氛。下属必须在一种能让其用不同方式表现的环境下工作。

而造就这种工作气氛的最重要因素就是主管。主管能使工作的气氛变成下列各种形态：

（a）抑制型。也就是主管不让下属做其想做的。

（b）挫折型。主管不是说"你不能"，就是说"我不赞成"，或者说"如果我是你，我就不会这么做"，要不就说"我不是说你办不到，但你要知道如果你不成功，你就是自找麻烦"。这些话都会挫伤下属的积极性而不想再改变。

（c）不置可否型。主管要下属自行决定，最常见的就是这个态度："我只是管结果，如果你想这么做，你自己看着办。"

（d）鼓励型。主管会说："放手做，我会帮助你的。"

如果主管希望下属改变其行为，起码要营造不置可否型或者更好的工作气氛才行。如果主管给下属的是一种压抑或挫折的工作气氛，不用说，要想下属改变其行为是不太可能的。因此，在达到预期行为改变的整个阶段，必须在主管和下属之间建立积极、正面的气氛。

④ 帮助与支持。希望下属改变其行为的主管必须为下属提供鼓励与帮助。下属可能因畏惧失败而不敢尝试新的事物，或是心里想做但缺乏鼓励而一直没有去做，或者缺少信息与技术、在没有得到协助时自己不敢做。主管需要帮助下属、培训下属，人力资源部管理人员（特别是培训人员）也需要帮助下属，或两者合力帮助下属。

⑤ 奖励。如果知道改变会有奖励，下属就会容易去改变；如果下属真的得到奖励，那么对其未来的改变也有激励作用。奖励的方式可为物质的和非物质的。前者包括加薪、分红等，后者包括自我满足、称赞、加重责任、更大的自由与授权等。

在绩效面谈结束时，要填写相应的记录表（如表 6-1 所示）。

表 6-1 绩效反馈面谈记录表

姓名		部门		职位	
任职时间				面谈日期	
本人在考核周期内完成工作情况的回顾及评价(工作内容、进展及成果、不足与改进、未完成的工作内容及原因分析)					
员工在下一个考核周期的工作目标、工作内容及安排、上级期望					
员工对部门或公司工作的建议/意见,工作/生活中的烦恼和困难,希望得到的支持或培训指导					
其他面谈内容					
被考核人签字:			考核人签字:		

(三) 绩效反馈面谈要遵循的 SMART 原则

(1) S——Specific 直接具体。绩效面谈是直接而具体的,要针对具体的事件或结果进行客观分析,使被考核者明白哪些地方做得好,哪些地方需要改进。如果员工有不满或质疑,主管的解释更要以具体客观的事实为基础。绩效面谈是基于证据的、客观的具体评价,而不能是泛泛的、抽象的一般性评价。只有双方互相认可对方的看法和评价,绩效反馈才有效。

(2) M——Motivate 互动激发。绩效面谈应该是一种双向沟通。为获得员工的真实想法,管理者应主动营造一个和谐的气氛,鼓励员工发言,让员工充分表达自己的观点。同时,对员工提出的好建议,管理者应充分肯定,并承认自己有待改进的地方。融洽、和谐的面谈有利于员工吐露真实想法,发挥灵感,共同商定改进方案,推动绩效考核朝着积极的方向发展。

(3) A——Action 行动基础。绩效反馈面谈涉及的主要内容是工作绩效,是基于工作事实表现来谈绩效结果的。绩效面谈讨论的是员工的工作采取了哪些行动与措施以及效果如何,而不应讨论员工个人的性格,因为性格本身没有优劣之分,不应作为评估绩效的依据。对影响绩效的关键性格特征需要指出来,一定是出于真诚并切实关注员工发展才考虑的,否则,不应将员工的性格作为绩效面谈讨论的焦点,绩效面谈内容一定要以工作事实和行动表现为基础。

(4) R——Reason 理由充分。绩效面谈需要对员工的不足之处进行建设性反馈。管理者要分析或指出员工绩效未达成的原因,即目前存在的不足之处,其目的是为了帮助员工改进不足和提高绩效,而不是要批评员工。通常人们出于自我保护心理,面对批评往往会马上做出抵抗反应,使面谈无法深入下去。不过,如果管理者从了解员工工作中的实际情形和困难入手,逐步分析其绩效未达成的原因,并试图给以帮助、建议和肯定,员工就会接受管理者的意见甚至批评,避免陷入相互防备和攻击的困境。

(5) T——Trust 相互信任。缺乏信任的面谈会使双方感到紧张、烦躁,带着戒备心理来沟通,真实想法都不敢放开说出来。而绩效反馈面谈是管理者与员工双方的沟通过程,要使沟通顺利进行并达成共识,就必须营造一种彼此信任的和谐氛围。管理者应主动倾听员工的想法,员工也要尊重管理者的建议;尊重原则和事实,站在对方的角度想想,努力赢得对方的理解和信任。

(四) 绩效反馈面谈的注意事项

1. 绩效面谈是绩效反馈的重要形式,应引起管理者和员工的高度重视在时间的选择上,要避开上下班、开会等容易分心的时间,在地点的选择上,要注意营造一个安静、轻松的环境,管理者和员工最好夹角而坐,给员工平等、放松的感觉。这样才能使员工放得开,将自己的真实想法坦诚地说出来。

2. 注重沟通方式

管理者容易用指责和命令的口气对员工喋喋不休地说教,即使要员工多发言,管理者对员工的谈话也至多只能记下30％的内容。所以,管理者要尽量避免先入为主,撇开自己的偏见,耐心听取员工的陈述,并积极给予眼神回应或概括重复员工的谈话内容。为更多地了解员工的真实想法,应多提一些开放性的问题,调动员工的主动性。

3. 面谈应以轻松的方式开场、以积极的方式结束

一开始有一个适当的缓冲,以拉近距离,消除紧张,自然地进入主题;结束时要肯定员工的付出,相信员工有能力提高绩效,并希望员工在随后的工作中随时沟通和联系。还可以使用一些非语言动作,如拍拍员工的肩膀,用肯定的眼神诚恳地告诉员工,只要好好干,一切问题都会解决。

四、核心技能

反馈要依据表现进行客观描述,而不要对个人性格特质妄下结论、做出判断。

> 例如,负责薪酬的小王将销售员提成工资算错了,如果薪酬主管在进行绩效反馈时说,"小王你这么不负责任,活交给你,谁能放心"、"你可真笨",员工小王的自尊心受到伤害,也可能认为薪酬主管小题大做,对其人身进行攻击,进而产生逆反心理。如果薪酬主管能换个方式说,"小王,你这个月将销售员提成算错

了,销售员本人会不舒服,其他员工知道了会不相信我们,你和我们部门的形象都会受到影响。"因为指出来的是事实,小王会毫无怨言地接受既定事实,并自我反省,暗下决心今后要熟悉各项规定,认真仔细地算好每笔账,让同事放心,让领导放心。

(一)及时恰当的正面指导反馈

售前技术支持部门的职责是给销售人员做技术应答,做标书,然后让销售人员拿出去到客户那儿投标。这个部门连续一个星期连夜加班加点配合销售部门的工作。在开会时,部门经理说:"大家辛苦了,销售部表扬咱们部门,说你们上个星期连夜加班,及时为销售部门赶出标书,而且送到客户那儿之后反应非常好,我在这儿对大家提出表扬,希望大家再接再厉,下次还能这样做。"结果发现,表扬以后不到一个月大家的心气就全散了,干劲也都不足了。

为什么大家干劲不足了?这个赞扬出错了吗?是哪里出错了呢?

原来真正为这个标书做出特别贡献的只有小王和小李,是他俩连夜加班赶出来的。而其他人虽然也加班了,但只加班到八点,吃完工作餐,就高高兴兴回家了。没想到不好好干也会受表扬,小王和小李的工作热情顿时下降。剩下的团队成员心想:只要加加班,就能凑合着得到表扬,以后还这样。这样一个表扬导致了团队整体的绩效下降,这就是赞扬的错。

如果经理说:"大家都非常辛苦,应着重提出表扬的是小王和小李,他们连夜加班给大家做出了特别大的贡献,在此对他俩提出特别的表扬,并且希望所有的人都向他们学习。"这样一来,大家就都清楚了,原来经理眼睛是雪亮的。

可见,赞扬员工首先要对症下药,做到真表扬,保持纯粹的正面反馈,才能达到目的;其次,要赞扬行为价值,让员工知道为什么表扬他,如小李和小王为销售部门提供标书,帮助销售部门取得巨大的成功;最后,在表扬的同时一定要把时间、地点、原因、人物等说清楚。此外,赞扬要及时、经常,越快越好。通常一个反馈的速度应该在30秒左右,30秒解决问题。这就要求管理者要实行走动式管理,看见好的事情,马上拍拍员工的肩膀说:"你干得真不错,你这件事情干得非常好,我为你骄傲。"当然,管理者需要控制好赞扬的数量和频次,以免员工将赞扬当成习惯;逐渐改用其他方式去鼓励员工,比如给予一定的物质奖励,或是额外的培训机会,或者让他承担更多的责任,这些都是在鼓励员工,不能仅仅局限于说冠冕堂皇的言语。

资料来源:张晓彤,《绩效管理实务》,北京大学出版社,2004年,第135~137页。

(二) 采用汉堡原理和刹车原理,掌握建设性反馈的技巧

针对员工的不足,在绩效面谈时应该进行建设性反馈。管理者要把控好局面,推进面谈向积极的方向发展,首先要清楚,绩效面谈的目的是帮助员工改善绩效,而不是挑刺找毛病,并要采取相应的方法,如汉堡原理(Hamburger Approach)、刹车原理(即 BEST 法则)等,这样面谈才有效,才能让员工欣然接受。

汉堡原理(Hamburger Approach)即在绩效面谈时要遵循三个步

骤：先表扬特定的成就，然后指出需要改进的地方，最后给予肯定和支持，相信员工有能力改进。

当管理者发现员工的错误和不足要进行批评的时候，千万别单刀直入地下结论说"你这个人真笨"、"你这个人不行"之类的判断，而是要先对员工特定的成就予以表扬和肯定。因为一个人错误再多，也不会十恶不赦，他在某一方面一定有可取之处。因此，以赞扬和肯定其特定成就为开场白的"好消息"就像汉堡包最上面的一块面包；然后将"不好的消息"（员工不足之处）夹在中间，如"你在这件事情上做得不太好，尚待改进"；最后，以肯定和支持的话结尾，"我相信凭你的能力一定能做好"，给员工再来一块底层"面包"，这样一个"汉堡"就做成功了。

图6-7 汉堡原理

刹车原理（即BEST法则）是指在管理者指出问题所在及问题所带来的后果后，征询员工的意见，此刻管理者就适时地刹车，聆听员工的想法，让员工充分发表自己的见解，鼓励员工自己寻求解决办法。最后管理者进行点评总结并予以肯定和鼓励即可。使用刹车原理应按以下四个步骤进行。

- B——Behavior Description（描述行为）；
- E——Express Consequence（表达后果）；
- S——Solicit Input（征求意见）；
- T——Talk about Positive Outcomes（着眼未来）。

第一步，先表述想干什么事；第二步，表达干这件事的后果是什么；第三步，征求员工的意见，询问应如何进行改进；第四步，在员工说他（她）将如何进行改进的基础上，肯定和支持员工，相信员工能做到。

例如，负责薪酬的员工小王又一次将销售员的提成工资算错，这时候，薪酬主管就可以使用BEST法则对他的绩效进行反馈：

- B(描述行为)：小王，这个月销售员的提成工资又出现了错误，这是你第二次在这方面出错了；
- E(表达后果)：你的工作失误影响你这个季度的表现，而且销售员对我们人力资源部的意见更大了；
- S(征求意见)：你怎么看这个问题？你觉得应该采取什么措施改进呢？

小王：是我不认真，没有认真阅读销售员薪酬规定，我准备……

- T(着眼未来)：很好，我同意你的改进意见，希望你能做到，薪酬事关重大，这样对你和部门的形象都有帮助。

五、操作过程

(1) 对教师进行360度考核，并进行绩效反馈。
(2) 学生之间进行绩效反馈。

六、实例展示

Q公司是一家生产电子设备的外商独资企业，整体销售水平一直不尽如人意，财务状况令公司高层很是不满意。为了尽快扭转局面，Q公司决定让一直负责营销的外方副总经理转为担任物流和营销的总经理，并聘请一位具有深厚营销经验并熟悉中国市场的本土人士李军先生来做营销副总经理。李军到公司不久后,就分别在广州、北京设立了两个营销部,这两个营销部经理由他过去的老部下担任,而上海营销部经理由原来的一位营销员担任。随后,他又陆续地从社会上招聘人员,尤其注重招募自己的老部下。并在进公司不久后制定人员激励机制,他本着一个基本原则,即队伍扩大,待遇降低,成本不变。

对李军的新政,营销组织成员大多数保持沉默。老员工明显感觉自己的收入降低了,即使考核能够顺利地拿到平均分,仍然不如过去的工资高。心里颇有怨言;新员工也感觉自己的收入和公司当初承诺的相差甚远,公司开的是空头支票,发现上当了。大家唯一的希望寄托在能够创造营销奇迹上。两个月后,北京和广州营销部的经理分别辞职,这是他比较看重的两个人。因此,人力资源部决定对这些员工进行一对一的绩效反馈面谈,首先从李军开始。

(一)面谈的目的

1. 希望李军更好地引导员工行为,加强员工的自我管理,提高工作绩效、发掘员工潜能,同时实现员工与上级更好的沟通,创建一个具有发展潜力和创造力的优秀团队,推动公司总体战略目标的实现。

2. 希望李军更确切地了解员工队伍的工作态度、个性、能力状况、工作绩效等基本状况,为公司的人员选拔、岗位调动、奖惩、培训及职业规划等提供信息依据。

(二)面谈的时间和地点

面谈时间:2013年6月14日 14:00~16:00;

面谈地点:公司人力资源部五楼05会议室。

（三）面谈前的准备

1. 收集并填写好有关绩效考核的资料；
2. 总结李军近两个月来的业绩及工作表现；
3. 准备李军以往工作优秀表现历史绩效档案数据；
4. 列出李军工作表现中的缺陷及不足之处；
5. 制定切实合理的个人职业发展计划。

（四）面谈的过程

1. 王副总向李军说出最近的工作业绩和工作表现，询问李军是否在工作中遇到了瓶颈；
2. 李军叙述工作中遇到的问题及个人发展方面的计划；
3. 王副总与李军一起讨论出现问题的原因，提出有待发展的项目、发展这些项目的意义和可行性、这些项目目前的绩效水平以及预期达到的水平、发展这些项目的方式途径以及需要的资源支持、完成这些其项目的时间期限等方面的内容。

（五）制定绩效提升计划

王副总根据李军的面谈结果，整理并将其反馈给李军，指出其自身所存在的不足，制定下一步的绩效改进计划，让李军认识到下一阶段自己在工作当中的努力方向和注意事项。

任务七

绩效结果的应用

设计人力资源管理专业教师绩效考核结果应用方案。

一、实例参考

佛山市规划院的院长办公室内,李院长正在认真听取人力资源部门关于引进咨询公司帮助规划院实施绩效考评结果的汇报。

为了更好地进行各级人员的评价和激励,佛山市规划院于2010年初期在引入市场化用人机制的同时,就建立了一套绩效管理制度。通过这套管理方案,人力资源部可以高效地对被考评人在过去一段时期内的表现进行打分,并得到相应的成绩。佛山城市规划院在过去的这些年里一直严格按照这套绩效考核管理制度进行绩效评比,从绩效考核的KPI指标到360度考核评估各方面都按照常规流程开展。但是近些年来,院领导发现,员工的积极性总是无法调动起来,院里的成绩年年在全国各规划院中排名靠后,并且优秀骨干员工流失率与日俱增。

李院长很是烦心,为什么绩效管理制度并没有起到相应的激励作用？难道这套管理制度并不科学？其具体的改进方法在何处？2011年，经院班子会讨论决定引进咨询公司进行管理诊断，希望能够对院里的业绩提升有所帮助。通过对规划院的一系列调研，咨询专家发现规划院在绩效考评结果的应用上存在着很多问题。

二、背景知识

绩效考核是以企业经营目标为出发点，对员工工作进行考评，并把考核结果与人力资源管理的其他职能相结合，发现企业中存在的问题并且不断改进。绩效考核运用在企业管理中发挥着承上启下的作用。一方面，它是组织人力资源管理等职能开展的基础；另一方面，它也是企业提升管理水平和促进绩效改进的途径之一。绩效管理成功与否，在很大程度上取决于如何应用绩效考核结果。一般来说，绩效考核结果应该和薪酬联系起来，如果不和薪酬联系起来，绩效考核肯定不会受到员工的重视，绩效管理提升绩效的目的就很难实现。除了和薪酬联系外，还应该和培训、绩效改进计划相联系。只有公平合理地应用绩效考核结果，才能充分调动员工的积极性，最终使公司的绩效得以提升。

（一）绩效考核的目的

绩效考核是指考评主体对照工作目标或绩效标准，采用科学的考评方法，评定员工的工作任务完成情况、员工的工作职责履行程度和员工的发展情况，并且将评定结果反馈给员工的过程。对全体员工进行考核以后，管理者可以根据最终的考核结果采取各项有效措施，对绩效目标能起到助推的作用。实现公司与员工的双赢是绩效管理的关键所在。考核结果的合理转化和利用是发挥绩效考核作用、提高制度化管理水平的关键。绩效考核本身不是目的，而是一种手段，因此，必须重视考核结果的运用。只有及时、合理地将考核结果运用于管理工作的各个环节,健全激励机制,增强员工自身压力和危机感,才能调动和扩大员工的工作积极性。

(二) 绩效考核的意义

对企业而言,通过绩效考核结果,能够发现企业中存在的问题并不断改进,在提高绩效的同时,增加人力资源价值;能够做出正确的用人决策,使正确的人做正确的事情,并且能够奖励及留住表现最好的员工。从个人发展角度看,绩效考核结果为评价个人优缺点和提高工作绩效提供了一个反馈的渠道。无论处在哪个工作层次的员工,都有助于消除潜在的问题,并为员工制定新的目标以达到更高的绩效;有助于为员工制定发展和成长计划,有助于改善员工的工作方式,为提高员工工作建立了一个合理的基础,使管理者在绩效考核中的角色由法官转变为教练,承担着督导与培训责任;有助于建立主管与员工之间的绩效伙伴关系,表现在结合绩效考核结果的现状制定合理的绩效改进计划、实施适合个人发展的职业生涯规划、为员工晋升和培训工作提供依据。

1. 提供员工定期与上级就绩效进行沟通的机会

绩效考核结果最突出的运用就表现在为绩效改进服务中。绩效改进是绩效管理中的一个重要环节。传统绩效考核的目的是通过对员工工作业绩进行考核,并把结果作为确定员工薪酬、奖惩、晋升或降级的标准。而现代绩效管理的目的不限如此,员工能力的不断提高以及持续的绩效改进才是根本目的。所以,考核结果应及时反馈给员工。通过反馈,管理者与员工及时进行沟通,有利于他们认识自己的工作成效,发现自己工作中的短板,认识解决当前存在的问题,使员工真正认识到自己的缺点和优势,扬长避短,积极主动地改进工作。通过沟通,帮助管理者建立员工之间的绩效伙伴关系。管理者向员工传递了需要改进绩效的方面,并共同探讨改进工作绩效的手段,达到提高员工"资质"的目的。

2. 提供上级衡量员工优缺点的途径

绩效考核结果可以帮助上级在执行管理过程中依据不同对象的具体情况采用不同程度的强化行为、激励与指导。让员工的绩效朝着与管理者商定的方向发展。从而达到符合期望的行为发生或者增加出现的频率和减少、消除不期望行为。

3. 作为薪资或绩效奖金调整的依据

企业除了基本工资外,一般都有业绩工资。业绩工资是直接与员工个人业绩相挂钩的。这是绩效考核结果的一种普遍用途。它是为了增强薪酬的激励效果,在员工的薪酬体系中部分与绩效挂钩,薪资的调整往往由绩效成果来决定。

4. 作为晋升或降级等职务调整的依据

绩效考核结果可以为职务变动提供一定的信息,若员工在某方面的绩效成果突出,就可以通过晋升让他在某一方面承担更多的责任;若员工在某方面的绩效不够好,可能是因为员工本身能力不足,不能胜任工作或者目前从事的职务不适合他。可以通过职务调整,使他从事更适合他的工作;若是员工本身态度不端正的问题,经过提醒和警告仍无济于事,则考虑将其解雇。同时可以作为组织成员提高竞争意识与危机感的手段。

5. 作为发掘教育培训需求和人才培育的依据

绩效考核结果可以作为培训开发有效性的判断依据。员工绩效不佳的原因往往在于知识、技能或能力方面出现了"瓶颈"。企业可以通过绩效考核的结果及时认识到这种需求,组织员工参加培训或者接受再教育。培训是一把双刃剑。盲目开展培训,对员工能力的提高没有什么效率,对企业的发展也没什么效率。但绩效考核结果可以有效地克服盲目培训。

6. 作为招募和甄选的依据

根据绩效考核结果的分析,可以确认采用何种评价指标和标准作为招聘和甄选员工时的依据,以利于提高绩效的预测效度和提高招聘的质量,达到降低招聘成本的目的。

7. 作为涉及人力资源方面法律诉讼的书面依据

绩效考核结果提供了关于个人绩效的书面记录。这些记录能够有效地帮助企业解决劳动关系纠纷问题,保护企业免遭诉讼。

8. 有利于制定员工职业生涯规划

职业生涯规划是一个关注员工长远发展的计划。它是根据员工目前绩效水平与长期以来的绩效提高过程和员工协商制定的一个长远工作绩效和工作能力改进提高的系统计划。明确员工在企业中的未来发展途径,不仅对目前员工绩效进行反馈,还可以增加员工对企业的归属感和满意度,是促进其绩效提升的强有力的动力。

三、技能要求

(一) 绩效考核结果应用的范围

合理地应用绩效考核结果对绩效考核的顺利实施起着非常关键的作用。绩效考核结果一般应该和工资、奖金挂钩;除此之外,绩效考核结果还应用于工资晋级、职务晋升、培训教育、制定个人发展计划等。对绩效考核结果应用的归纳,一般集中在职业管理、利益分配、员工培训、人员招聘、绩效改进和岗位调整等方面。

1. 职业管理

个人发展计划(Individual Development Plan,IDP)是指员工的工作绩效和工作能力在一定时期内改进和提高的系统计划。个人发展计划一般是在管理者的辅导下由员工自己制定,最后经管理者批准实施,管理者应对员工实现个人发展计划方面所需的各种资源给予支持。

个人发展计划通常包括有待发展的项目、发展这些项目的意义和可行性、这些项目目前的绩效水平以及预期达到的水平、发展这些项目的途径以及需要的资源支持和完成这个项目的时间期限等方面的

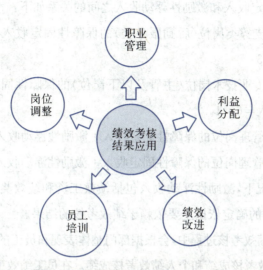

图 7-1　绩效考核结果应用

内容。

有待发展的项目一般选择在工作能力、关键业绩指标等方面有待提高的地方。这些有待发展的项目很可能是目前水平较低的地方,也可能是水平尚可但对组织、部门绩效进一步提升有制约作用的项目。一般来说,对每一个绩效期间,选择一个最为迫切需要提高的项目制定个人发展计划,因为一个人需要提高的项目虽然很多,但人的精力是有限的,一定期间内不可能所有的地方都会提高。

2. 利益分配

绩效结果最主要的一种用途在于对员工报酬的分配和调整。一般而言,为了强调薪酬的公平性并发挥薪酬的激励作用,员工的薪酬中都会有一部分与绩效挂钩。包括确定奖金分配方案、作为调整员工固定薪酬的依据和作为福利、津贴及其他奖励的依据。

(1) 奖金(激励性浮动收入)分配方案。

目前,企业为了最大限度地发挥薪酬的激励作用,在保障性固定收入和浮动性激励收入的设定方面均有一定的考虑。在企业的薪资框架

中,保障性固定收入和激励性浮动收入之间的关系如下:

- 辅助支撑类岗位(后勤服务类)的保障性固定收入:激励性浮动收入＝7∶3。
- 基层专业技术岗位(主管及以下岗位)的保障性固定收入:激励性浮动收入＝6∶4。
- 中层管理岗位的保障性固定收入:激励性浮动收入＝5∶5。
- 高层管理岗位的保障性固定收入:激励性浮动收入＝3∶7。

一般情况下,激励性浮动收入包括绩效工资和绩效奖金两部分内容,这两部分的确定依据主要依赖于绩效考核的结果。

企业在绩效考核过程中,会根据部门整体表现和员工的个人表现来确定部门绩效考核成绩和个人绩效考核成绩。在员工绩效工资的计算过程中,企业通常会根据自身的需要,以单独依据个人绩效考核成绩或者个人绩效成绩和部门绩效成绩共同考虑的方法来确定员工的绩效工资。

① 绩效工资只与个人绩效考核成绩挂钩。

在绩效工资的确定过程中,采用简单的利用个人绩效成绩计算绩效工资而与部门绩效成绩脱钩的方法可以减少企业的管理成本,因此,很多企业采用这种绩效工资只与自己考核分数相关的方法。例如,某企业员工的月度绩效工资计算如下:

月度绩效工资＝岗位工资×30%×月度绩效考核系数

其中,个人季度绩效考核系数等于个人绩效考核分数除以100。

从公式中不难发现,采用这种方法计算企业员工的绩效工资虽然简单易操作,但存在比较大的弊端,给员工的感觉是无论干得多么好,也很难拿到全部绩效工资,这会对员工的积极性带来一定的消极影响。因此,可以对个人季度考核系数的公式作出如下修订,变为:

个人季度绩效考核系数＝1＋(个人季度绩效考核分数－80)/80

通过对绩效工资计算公式的修订,员工的积极性就会有一定程度的提高。当然,这种安排相当于提升了个人的岗位工资,因此,在给员工定岗位工资的时候,要考虑这种影响。

② 与本部门员工考核分数相关。

(a) 相对分数法。

相对分数法是指员工的绩效工资不仅与自己的考核分数相关,而且与本部门的绩效考核平均分数有关系。例如,某企业员工月度绩效工资计算如下:

$$\text{月度绩效工资} = \text{岗位工资} \times 30\% \times \frac{\text{个人绩效考核分数}}{\text{本部门所有员工绩效考核平均分数}}$$

(b) 强制分布法。

将一定范围内的员工按绩效考核分数从高到低排序,按排序的前后次序依次划分为 A+、A、B+、B、C 和 D 几个等级。不同考核等级对应的绩效考核系数不一样。比如,某部门员工的季度绩效工资计算如下:

$$\text{员工季度绩效工资} = \text{岗位工资} \times 30\% \times 3 \times \text{个人季度绩效考核系数}$$

其中,个人季度绩效考核系数根据考核结果确定,个人考核系数和考核结果的对应关系如表 7-1 所示。

表 7-1 个人考核系数和考核结果的对应关系

考核结果	A+	A	B+	B	C	D
季度绩效考核系数	1.2	1.1	1	0.9	0.8	0

员工的季度考核结果实行强制分布,即店长根据绩效考核得分从高到低排序,考核结果为 A+、A、B+、B、C 和 D 的分别按照一定的比例进行排序,其中绩效成绩低于 C 者为不合格。

在一些情况下,企业员工的绩效工资计算可以采用强制分布法,将职能岗位普通员工、项目部普通员工、公司中层管理者分别根据绩效考核分数强制排序,最终得出绩效考核结果。这种结果可以有效地将部门员工的绩效工资等级进行区分,起到很好的激励作用。

③ 与本部门绩效绝对挂钩。

员工的个人绩效工资除与本人绩效挂钩外,还和整个部门的绩效挂钩,这适合于团队性质工作的部门。例如,某企业员工月度绩效工资计算如下:

月度绩效工资＝岗位工资×30%×个人月度绩效考核系数
×部门月度绩效考核系数

其中,个人季度绩效考核系数等于个人绩效考核分数除以100,部门季度绩效考核系数等于部门绩效考核分数除以90。

④ 与本部门绩效相对挂钩。

员工的绩效工资除与个人绩效考核结果、本部门绩效考核结果挂钩外,还和其他部门的绩效考核结果有关系。例如,某企业员工月度绩效工资计算如下:

月度绩效工资＝岗位工资×30%×个人月度绩效考核系数
×本部门绩效考核分数/所有部门
绩效考核分数的平均值

⑤ 总额控制法。

控制某个部门的绩效工资总额,绩效工资总额和整个部门的考核结果挂钩。比如,某企业一般员工的工资结构和计算过程如下:

工资结构＝基本工资＋绩效工资

其中,基本工资按月发放,基本工资＝岗位工资×60%;

部门绩效工资总和＝除总监外所有岗位人员工资总和×40%×部门绩效考核系数。

(2) 奖金的计算。

一般来说,绩效工资的计算是一个绩效工资的基数乘以绩效考核系数,但奖金计算基数一般根据产量、销售额、利润、费用节约等确定,奖金数额就是根据前述指标乘以一个提成比例。

① 产量提成奖金。

某生产企业的酿造车间奖金总额为吨产品提成 13.2 元,超额完成任务的吨产品提成为 19.8 元;灌装车间吨产品提成为 33.3 元,超额完成任务的吨产品提成为 50 元。

② 销售额、利润提成奖金。

销售提成奖金是激励企业销售员工的主要方法之一,以某企业业务员奖金发放为例,其奖金计算公式为:

业务员奖励工资=超额销售收入×K_1+超额销售利润×K_2

其中,K_1 是超额销售收入提成比例,超额销售收入=本月实现销售收入-0.8×∑(各种产品的底价×各种产品目标销量);本月实现销售收入根据实际回款额计算;超额销售收入提成比例 K_1 的具体数值见表 7-2。

K_2 是超额销售利润提成比例,超额销售利润=∑(各种产品销售价格-各种产品的底价)×各种产品实际销量,实际销量根据本月回款的合同计算。超额销售利润提成比例 K_2 的具体数值见表 7-2。

奖金最低为零,如果计算结果为负数则以零计。

表 7-2 奖励提成比例

职 位	超额销售收入提成比例 K_1	超额销售利润提成比例 K_2	销售收入提成比例 K
市场营销部增强材料组	0.25%	2.5%	—
海外市场部增强材料组	0.25%	2.5%	—
市场营销部玻璃布组	—	—	0.007 5%
海外市场部玻璃布组	—	—	—

例如,

市场营销部玻璃布业务员奖励工资=本月实现销售收入×K×P

其中,K是销售收入提成比例,本月实现销售收入根据实际回款计算;销售收入提成比例K的数值见表7-2。P是奖励价格调整系数,是玻璃布产品出售价格超过或低于产品底价时对奖励进行的调整。P=1+销售额÷∑(各种产品的底价×各销量-1)×5,即当出售价格超过或低于底价的1%时,奖励增加或减少5%。

③ 费用节约提成。

对某些项目而言,企业为了提倡奖励而实行项目费用节约奖励原则。根据这种节约奖励原则,企业通常会在责任书中约定各种费用总额,节余部分按照一定的比例作为项目组人员的奖金;费用总额占合同额的比例以及奖金占费用节余的比例等具体数值在责任书中约定。

④ 根据目标责任书或其他规定计算奖金。

本案例中经营管理部奖金的计算就是根据目标责任书的约定,在完成责任目标的前提下,根据新增合同额的完成情况确定的。

(3) 设定员工固定薪酬调整的依据。

如果说奖金的分配是绩效结果快速的直接应用,对员工固定薪酬的调整就是长期绩效结果的慢响应。这部分薪酬是以员工的劳动熟练程度、所承担工作的复杂程度、责任大小及劳动强度为基准确定的。

企业固定薪酬部分的调整往往会参考员工长期的绩效表现,根据员工2~5年的绩效结果,同时参考员工职位、职级、职等的变化而发生调整。表7-3是某公司依据连续5年绩效考核结果所确定的加薪比例。

表 7-3　某公司基于 5 年综合绩效的加薪比例

带宽位置 绩效等级	<25%	25%～50%	50%～75%	>75%
优　秀	13%～15%	12%～13%	11%～12%	10%～11%
中　等	11%～12%	10%～11%	9%～10%	8%～9%
合　格	9%～10%	8%～9%	7%～8%	5%～6%

（4）作为福利津贴及其他奖励的依据。

现阶段，很多企业在内部设定多种多样的特殊奖励措施，如联想公司的年度联想之星和华为技术公司的年度金牌团队、总裁奖、总裁个人奖等，而绩效考核结果无疑是作为该类奖励重要的依据之一。

3. 绩效改进

管理者与员工要对考核期内员工所存在的不足达成共识并对考核结果分析制定并提出改进措施，同时将改进措施和员工实际情况相结合，制定出有针对性的绩效改进计划，这样一方面是帮助员工提高能力，另一个方面是为了下一个绩效周期做好准备，使人力资本的功能得到充分的发挥。

在这个过程中，管理者作为员工的绩效合作伙伴，以"帮助者"和"支持者"的身份，与员工一起共同制定绩效目标，共同探讨成功的办法，共同分析实现目标的障碍和困难并排除之，最终实现"投资于人"的目的，使绩效管理落到实处。

绩效改进的主要程序包含以下几点：

（1）绩效诊断与分析。

绩效诊断和分析是绩效改进过程的第一步，也是绩效改进最基本的环节。

员工绩效结果的形成，往往受很多因素的影响，可以通过以下方法进行绩效诊断。

① 四因素法。即通过对知识、技能、态度、外部障碍进行分析，了

解员工的优劣势及绩效成因(见图7-2)。

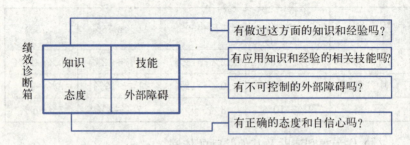

图7-2 四因素法

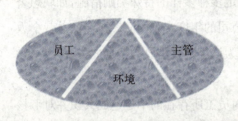

图7-3 三因素法

② 三因素法。即以环境为支点进行分析,员工绩效的成因主要由本人、直接主管及环境影响造成。通过对此三个因素进行分析,诊断员工绩效结果的成因(见图7-3)。

通过三因素、四因素法完成绩效诊断分析,并填写员工绩效诊断表(见表7-4),为下一步制定绩效改进计划提供依据。

表7-4 绩效诊断表

影响绩效的维度		绩效不良的原因	备 注
员 工	知 识		
	技 能		
	态 度		
主 管	辅 导		
	其 他		
环 境	内 部		
	外 部		

(2) 绩效改进计划的制定。

绩效改进计划的制定包括以下三点内容:

① 明确绩效改进要点，选择绩效改进方法。选择绩效改进方法的原则是：容易改进的优先列入计划，不易改进的列入长期计划，不急于改进的暂时不要列入计划。

表7-5 绩效改进要点选择表

绩效	不易改变	容易改变
急需改进	将其列入长期改进计划或者与绩效薪酬一同进行	最先做
不急需改进	暂时不列入改进计划	第二选择（有助于解决其他困难的绩效改进）

② 考虑解决问题的途径。根据表7-4绩效诊断表所分析的绩效问题及问题成因，从三个维度进行解决方案的思考：

（a）员工维度。向主管或有经验的同事学习，观摩他人的做法，参加企业内外的有关培训，参加相关领域的研讨会，阅读相关书籍，选择某一实际工作项目，在主管的指导下训练。

（b）主管维度。参加企业内外关于绩效管理、人员管理等的培训，向企业内有经验的管理人员学习，向人力资源管理专家咨询。

（c）环境维度。管理者可以适当调整部门内的人员分工或进行部门间人员交流，以改善部门内的人际关系氛围；在企业资源允许的情况下，尽量改善工作环境和工作条件。

③ 制定绩效改进计划。通过上述方法，直接主管和员工明确了绩效改进要点、方法以及待改进问题的改进途径后，可以制定完整的绩效改进计划。

完整的绩效改进计划包括以下部分内容：

- 员工基本情况、直接主管的基本情况以及该计划的制定时间和实施时间。
- 上周期的绩效评价结果和绩效反馈情况，确定需要改进的方面。

- 明确需要改进和发展的原因。
- 明确写出员工现有绩效水平和经过绩效改进之后的绩效目标。

表7-6 绩效改进计划表

张三绩效改进计划表					
姓　名	张三	职位	销售代表		
直接主管	李四	部门	业务一部		
有待发展的项目	发展原因	目前水平	目标水平	发展的措施与所需的资源	评估时间
客户沟通技巧	与客户沟通是销售代表的主要工作，本人在这方面有较大的欠缺	客户沟通评估分数2.5分	3.5分	参加"有效客户沟通技巧"培训，注意体会和收集客户反馈，与优秀的销售人员一同会见客户，观察和学习他人与客户沟通	2013年6月

制表时间：2013年1月

（3）绩效改进计划的实施和评价。

在制定了绩效改进计划之后，管理者应该通过绩效监控和沟通，实现对绩效改进计划实施过程的控制。这个控制过程就是监督绩效改进计划能否按照预期的计划进行，并根据评价对象在绩效改进过程中的实际工作情况及时修订和调整不合理的改进计划。

绩效改进计划的评价应该注意以下三个要素：

① 绩效改进计划作为绩效计划的补充，同样需要评价和反馈。绩效改进计划开始于上一个绩效评价周期的结束，结束于下一个绩效评价周期的开始。

② 绩效改进计划的完成情况反映在员工前后两次绩效评价中得到的评价结果中。

③ 如果员工在前后两次绩效评价中得到的评价有显著的提高,就在一定程度上说明绩效改进计划取得了一定的成效。

4. 员工培训与发展

人力资源的培训与开发是企业通过培训和开发项目提高员工能力和企业绩效的一种有计划的、连续性的工作。通过绩评价的结果,可以发现人员培训和开发的需要。即绩效考核为人力资源开发与培训提供依据;绩效评价结果还可以作为培训的效标,也就是用绩效评价结果衡量培训的效度。

绩效考核结果在培训方面的应用主要包含两块内容:

(1) 短板补差类。

通过绩效考核的结果,管理者能够有效地了解到员工的不足与薄弱环节,同时经过上述的绩效诊断以及绩效改进计划的编制,管理者可以清楚为员工部分能力或技能的短板提供提升通道,而培训无疑是一种重要且有效的短板补差措施。绩效考核为人力资源的开发和培训提供了依据。

(2) 发展奖励类。

通过短期和长期的绩效考核工作,管理者可以识别出部门内有发展潜力的后备干部,一方面作为对业绩优秀员工的奖励手段,制定出相关的培训方案(如脱产培训的奖励、委托其他单位新技术交流的培训等),作为对员工绩效优异的奖励措施;另一方面为后备干部的能力提升设定专项的培训培养计划,如对技术岗位中在沟通管理方面有明显优势的员工适当设定部分管理类的培训,帮助其更快速地成长,以便日后承担更重要的岗位责任。

5. 岗位调整

员工的历史考核记录为职务晋升和干部选拔提供基础依据。可以对员工的历史绩效进行统计分析,选拔出业绩比较稳定和优秀的员工纳入晋升后备人员名单。

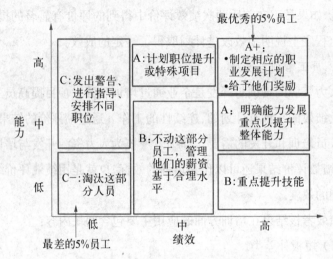

图 7-4 绩效结果与岗位调整图

通过分析历史考核结果,发现员工工作表现和其职位的适应性问题,查找出原因并及时进行职位调配。员工在某方面的绩效突出,可以让其在此方面承担更多的责任,如果员工在某方面的绩效不够好,可以通过职位的调整,使之从事更加适合的工作。

四、实例展示

> 某 IT 集团企业,下辖十几个公司,其中,销售公司就有两家。集团公司在年初的时候为每一个企业制定了一个目标,但到年终考核时,不仅是销售公司没有完成任务,其他公司和部门工作完成质量也不佳。此时大家最先指责的是销售部门,说他们没有完成任务。两个销售公司非常气愤,觉得总公司当初制定的指标就是不现实的,其他的资源也没提供。由此,销售部门、财务部门、生产部门和科研部门都各说各的理,最后考核变成了一场争吵。

这家公司考核失败的原因在于确立的考核体系本身就不是科学和客观的,不符合企业的实际情况。分析原因如下:

原因一:考核没有与目标保持一致

企业想达到什么目的,就应该考核什么。企业考核内容是企业组织文化和管理理念的具体化,但有些企业没有清晰的考核标准,考核了一些无关紧要的项目,该考核的项目却没有考核。

原因二:考核没有侧重点

考核内容不可能包括被考核岗位的所有工作内容,考核应选择岗位工作的主要内容进行,不可能面面俱到。对难于考核的内容也要谨慎处理,认真地分析它的可操作性,不要考核无关的内容。绩效考核是对员工的工作考核,对不影响工作的其他任何内容都不要进行考核。

原因三:考核指标千人一面

确定和找到每一职位的关键业绩指标是考核成功的基础。通过专家对公司整体价值创造业务流程的分析,找出对其影响较大的指标。

原因四:考核目标不合适

从人们的主观愿望和企业的发展需求上看,人们都希望业绩是递增的,但就某一个企业而言,它在面向市场竞争的时候必须客观一些,当企业的外部经营环境或者企业自身的经营能力受到严重压力的时候,这种指标非但不能上升,能保住现在的业绩就非常不错了。指标要有可操作性,应有明确的定义和计算方法,易于取得可靠的初始数据。

原因五:考核指标没有进行细化

为了提高考核的可靠性,考核的尺度应该尽可能细化。例如,对员工"工作主动性"指标的考核,如果只采用主观尺度,可能有很好、较好、一般、较差和很差这几种标准。但如果采用细化尺度考核时就会很细,考核的准确度也会增加。

原因六:选择考评人不合适

很多企业都是大家互相评或让群众给领导评,这是经常采取的办法。现在,很多企业采取的方法就是人跟人相比,或者是完全由领导说了算,或者是说完全由员工说了算,这都是有问题的。

有的企业把考评作为直线部门主管的事或只作为HR部门的事。在大多数企业中,HR部门在绩效评价方面只负有协调设计和执行评价方案的责任,而最重要的实际操作则由直接管理人员负责。事实上,评价方案的成功施行,必须由HR部门和直线部门结合起来。

原因七:考评准备工作没有做好

在360度反馈评价系统中,参与者之间的高度信任和对他们的培训是必需的,因此,组织要对考核者进行系统的培训。公司针对直接考核者开办专门的考核培训课程,培训中应强调绩效评价是全面的,并且是一个连续的过程。公司有必要根据考核存在的问题经常进行培训。

原因八:考核中缺乏交流沟通

不少企业考核完了就完了,其实考核不是目的,而是一种手段。它的目的在于通过考核来促进企业的绩效、经营业绩的提高和员工能力的开发。大部分企业在考核时根本没有做反馈,就是说考核完了并没有告之被考核的人反馈意见:"你的表现怎么样,我对你的期望是什么,你的差距是什么,你应该怎么努力,我应该给你提供什么样的帮助。"

整个评价体系中最重要的是建立评价会见机制,考核执行者应不断地保持与员工的交流,创造一个公开的环境。双向沟通是考核双方双赢的前提和基础,是绩效考核的生命线。

原因九:考核注重形式

许多企业把考评表格制定得非常详细,对员工要求的指标制定得近乎完人,其结果往往是劳而无功、怨声载道。员工的生活习惯、行为举止、个人癖好等内容都不适于作为考评内容出现。有效的考评工作不是纸上谈兵,最终过程取决于人,各种考评表会起一定的作用,但终究不能取代一个懂得对雇员进行业绩考评的管理者。

原因十:考核不与奖惩挂钩

考核不能只是走形式,做样子。应该将提高工资和晋升职务与工作考核紧密结合。以通用电气(GE)为例,GE公司的职员每年经考核后,由低到高确定为五个等级。后三级人员将获得职务或工资上的提升,第五级的职员要受到超级提拔。对待前两级职员不是简单地辞退了事,而是首先搞清他们工作不好的原因,然后给予他们再工作6个月的机会。在改进工作期间,公司对这部分人分三种情况处理:重新分配工作;减少他们原承担的责任,降级使用;工作无法改进则解雇。

原因十一:错误的考评观念

考评者在从事考评时应该采取何种行为对待被考评者,总是存在着种种不正确的思想观念,通常是认为"员工不喜欢考评"。其实,员工最怕的是赏罚不明,或者根本没有赏罚。没有考评,自然也就无从赏罚,认为自己干得出色的员工肯定会泄气。员工也希望通过考评知道自己哪里需要改进。

考核对员工来说是个很好的机会,要充分把握这个机会,把你的需要提出来。上级跟下级应该利用考核的机会进行交流,这种沟通应该是经常性的,而不是年终,应该每周都进行。这时候的管理者就真正成为一个教练,成为一个指导者在帮助员工,这种上级与下级的关系也就变成非常融合和默契。

原因十二:失当的考评技能

众多管理者缺乏激发雇员动机的考评技能,在考核过程中,管理人员经常把员工置于局外。许多管理者认为,有什么事需要跟员工讨论呢?认为对下属工作的考核,没有必要让他们知道结果,在这种情况下有必要引入绩效管理。与绩效考核不同的是,绩效管理是以人为核心,不仅重视结果目标,也重视行为目标。绩效管理是通过对人的管理去提高成功概率的思路和方法。在绩效管理中,沟通和教练处于中心位置。也就是说,管理者既要通过沟通和教练来提高员工的知识和技能,还要改善态度、个性、人格、内驱力、社会动机等方面的做法。

咨询公司进场后经过员工访谈、历史信息收集等多方面的分析后,发现该企业最大的问题在于绩效考核结果应用不当,当即作出调整方案。把专技人员考核结果同绩效工资挂钩,明确规定年终考评优秀者年终奖金上浮10%,增强其成就感和满足感,考核不称职者年终奖金则下浮10%;对年轻、有干劲、绩效考评结果优异的骨干选送至国内外先进的企业培养学习;同时严格执行岗位能上能下、工资能涨能降的原则,对长期绩效优异的员工予以提拔晋升,对后进干部进行降职降薪。通过一系列管理变革,延伸绩效管理链条,使员工切身利益和实际的业绩相结合,很好地激发了专技人员的竞争意识和忧患意识,调动了积极性和创造性,实现了奖勤罚懒的目的。

参考文献

[1] 杨明娜,《绩效管理实务》,中国人民大学出版社,2008年。

[2] 张晓彤,《绩效管理实务》,北京大学出版社,2004年。

[3] 杨新荣,《绩效管理实务》,电子工业出版社,2010年。

[4] 李宝元,《人力资源战略管理案例教程》,清华大学出版社,2010年。

[5] 徐天坤,"一次绩效反馈面谈诊断",《人力资源管理》,2008年第12期。

[6] 盘和林,《哈佛绩效管理决策分析及经典案例》,人民出版社,2006年。

[7] 孙宗虎、罗辉,《绩效考核量化管理全案》,人民邮电出版社,2012年。

[8] 董浩然,《绩效考核与薪酬体系设计精细化实操手册》,中国劳动社会保障出版社,2010年。

[9] 付亚和、许玉林,《绩效管理(第二版)》,复旦大学出版社,2008年。

[10] 韩燕、梁春梅,《项目部岗位绩效考核与实施细则》,人民邮电出版社,2010年。

[11] 武欣,《绩效管理实务手册》,机械工业出版社,2005年。

［12］ 郭京生、袁家海、刘博,《绩效管理制度设计与运作》,中国劳动社会保障出版社,2012年。

［13］ 北京水木知行人力资源管理咨询公司,《破解企业绩效管理中的8大难题》,2013年6月10日,http://www.bjsmzx.com/page/book/nanti.php。

图书在版编目(CIP)数据

绩效管理技能训练/李宝莹主编.—上海:复旦大学出版社,2014.1(2021.12重印)
(复旦卓越·人力资源管理和社会保障系列)
ISBN 978-7-309-10213-0

Ⅰ.绩… Ⅱ.李… Ⅲ.企业绩效-企业管理-高等职业教育-教材 Ⅳ.F272.5

中国版本图书馆 CIP 数据核字(2013)第 299229 号

绩效管理技能训练
李宝莹　主编
责任编辑/宋朝阳

复旦大学出版社有限公司出版发行
上海市国权路 579 号　邮编:200433
网址:fupnet@fudanpress.com　http://www.fudanpress.com
门市零售:86-21-65102580　团体订购:86-21-65104505
出版部电话:86-21-65642845
浙江临安曙光印务有限公司

开本 787×1092　1/16　印张 12.75　字数 157 千
2021 年 12 月第 1 版第 5 次印刷

ISBN 978-7-309-10213-0/F·1994
定价:29.00 元

如有印装质量问题,请向复旦大学出版社有限公司出版部调换。
版权所有　侵权必究